新媒体

重塑高校影响力

李嘉毅　王维家　鲍丽娟　金雪　著

天津大学出版社
TIANJIN UNIVERSITY PRESS

图书在版编目(CIP)数据

新媒体重塑高校影响力 / 李嘉毅等著. -- 天津 :
天津大学出版社, 2021.12
ISBN 978-7-5618-7098-3

Ⅰ. ①新… Ⅱ. ①李… Ⅲ. ①互联网络－应用－高等
学校－发展－研究 Ⅳ. ①G647.1

中国版本图书馆CIP数据核字(2021)第275133号

出版发行　天津大学出版社
地　　址　天津市卫津路92号天津大学内（邮编:300072）
电　　话　发行部:022-27403647
网　　址　www.tjupress.com.cn
印　　刷　北京华联印刷有限公司
经　　销　全国各地新华书店
开　　本　169mm×239mm
印　　张　17
字　　数　260千
版　　次　2021年12月第1版
印　　次　2021年12月第1次
定　　价　92.00元

著　　者：李嘉毅　王维家　鲍丽娟　金　雪

参与撰写：刘　洋　李晓杰　王鹤立　尹　伟
王　涛　王辰轩　李晋馥　郑　岩
张守信　朱大勇　孙　根

序

PREFACE

最好的新媒体运用，基于对传播之道的领悟

陆小华

数字科技的发明与应用，不仅催生了新媒体工具、新传播形态、新媒体产品，催生了人们深度依赖数字科技与新媒体工具的生活方式，更重要的是深刻改变了经济、社会与人本身。在传播领域，21 世纪第二个十年的重要而隐秘的变化，就是推荐算法介入移动传播。这也使传播进入智能传播时代。算法是基于数据用系统方法描述、解决问题的策略机制，在经济、社会生活多领域广泛应用的同时，成为影响信息分发、服务提供、机会分配、资源配置的基础性机制和力量。中国庞大的用户群为算法发展提供了坚实基础。在海量增长的用户数据支撑下，算法不断迭代，智能水平也在逐步提升。中国在推荐算法应用方面具有一定优势。2020 年 8 月，商务部、科技部已把“基于数据分析的个性化信息推送服务技术”等列入限制出口目录。推荐算法的运用提升了传播效率，互联网平台通过使用算法提升信息服务与用户需求匹配度而获得竞争优势，单一平台甚至拥有日活数亿用户。算法综合治理的法规、规则也正在渐次出台。

在智能传播时代，如何更好地适应、运用新媒体？

在我看来，最好的运用，是基于对“道”的领悟，增强运用“术”的能力；是基于对传播规律的领悟，习得、提炼、运用新媒体传播方法。

所谓对“道”的领悟，是在传播手段、传播工具之上，运用辩证唯物主义和历史唯物主义，深刻认识自然、社会发展的基本规律，深刻认识事物是如何发展演变的，才能把握舆论如何形成、演变，影响

如何形成、发展；由此，决定如何运用新媒体工具、新媒体传播的影响力。对传播规律的领悟，可以包含在对“道”的领悟的范畴，但首先是对自然规律和人类发展规律的深刻认识和领悟，是对中国国情的深刻把握，源于当今时代世界对中国的深刻认识和把握。中国传统文化注重“道”“术”之辨，不仅因为其既有区别又有联系，更因为二者体现了中国人对宇宙规律的认识，因而，古人既直白而深刻地指出，“夫舟浮于水，车转于陆，此自然道也”；又充满哲思地指出，“立天之道曰阴与阳，立地之道曰柔与刚，立人之道曰仁与义”。

在我看来，传播之道，在于谋“势”。中国人对宇宙万物规律的认识，许多就在人们耳熟能详的成语中。比如，中国人对“势”的认识，可以帮助人们认识、把握舆论的形成和发展规律，舆论态势的演变和舆论博弈，帮助人们把握传播之道。从方法论层面说，中国智慧的重要体现就是对于“势”的认识。中国人对“势”的领悟和把握，渗透了中国传统文化的精华，在诸多层面都有体现。大者如清朝陈澹然所言，“不谋万世者，不足谋一时；不谋全局者，不足谋一域”，强调大势的重要；小者如围棋高手对弈时的弃子取势，同样是对“肯取势者可为人先”的领悟，体现大势对目标实现的关键作用。

今天，各个国家、各种主体都在努力向外界释放信息、施加影响，力图营造更有利于自己的舆论环境，塑造更有利于自己的舆论态势。势，在不同情境下意含位势、态势、趋势等的分量有所不同。不同情境下，人们对“势”的感知与领悟也有所不同。因而，兵法中有：“激水之疾，至于漂石者，势也；鸷鸟之疾，至于毁折者，节也。是故善战者，其势险，其节短。势如张弩，节如发机。”故传播应重在谋势。因势而谋、应势而动、顺势而为、因势利导，这四个成语体现了中国人的处世之道，体现了中国人的传统政治智慧，同样也体现了传播智慧。舆论指向，就是一种势。引导舆论，说到底就是塑造形势、促成趋势、催成大势。“能谋势者必有所成。”这里的“势”，当然既是形势，更是位势，是一种力量。大势所趋则势如破竹，顺势而为则乘势而上，蓄势待发则可借势而为。舆论引导，说到底是要影响人心。势虽无形，却产生实在影响。

对“道”的领悟，还应包括“善用”。这里的“善用”，不仅包括“善于运用”“更好运用”的常规意指，我想强调的，更是基于敬畏和善意运用新媒体。新媒体工具是利器，传播以及所形成的舆论影响有诸多不可预料、不可控制的影响。本于“善意”、基于“至善”运用新媒体，是所有运用新媒体的人们应有之本心和伦理准则。逾此底线者，被舆论所反噬者，不知凡几。中国典籍《大学》中提到：“大学之道，在明明德，在亲民，在止于至善。”《说文解字》对“善”字的解读是“善，吉也”。无论是面对舆情有所发声，还是发布事实扩大影响，可以能言善辩，更应从善如流、择善而从；在新媒体上乏善可陈，也许是因为实际工作不够尽善尽美，而不是报道传播者们缺乏发现。人们熟悉“上善若水”这个成语，《道德经》在“上善若水”之后，既有“水善利万物而不争”的解读，也有“居善地，心善渊，与善仁，言善信，正善治，事善能，动善时”的要求，然后才是“夫唯不争，故无忧”。

《新媒体重塑高校影响力》一书，既是作者多年实战经验的提炼，也是他们多年深思的结晶。我听到的对本书作者李嘉毅先生最多的评价，是“学习能力强”。这不仅体现在他本硕博跨了三个学科，更因为他在新媒体这个领域体现出的领悟力和实战能力。针对高等学校如何运用新媒体增强影响力，本书不仅讨论了新媒体时代高校影响力、竞争力如何形成，还提供了很多独特经验和构建方法。许多章节，好看又有用，比如“10 万 + 中的秘密”“新媒体中好玩的创意”“新媒体也会‘谈情说爱’”“在有风的日子迎风起舞”等。这样的小标，很不像出自一个理工科背景的男士，但确实出自一个有十年高校宣传部工作经历、又在天津大学新媒体与传播学院参与新媒体研究的跨领域人才之手。当然，也是基于他对如何有效提升高校影响力的思考和研究。本书的内容多少从一个侧面体现了天津大学在新媒体传播领域的进展、成绩与经验。毕竟，这所大学的宣传部多年前就设有专门从事国际传播的机构，让我初闻时耳目一新。本书的许多对策、方法、技巧、诀窍，对各个领域从事新媒体工作的人们都是有用的。当然，本书书名强调“重塑高校影响力”，还是体现了其针对性、贴近性，也多少可能影响其他领域的读者选择此书进行阅读。

高等学校影响力的形成，总体上离不开立德树人的教育努力及其成果，和心怀“国之大者”、服务国家战略的研究努力和成果；总体上离不开学校、学院、学科、学术、学者、学生“六学”的成长、发展、成果和见识。其中，学术活动、学术成果、学术观点等在学术期刊、学术会议等通过平台产生的学术传播，和学术期刊、专业期刊、大众媒体、社交平台对学术活动、学术成果、学术观点等的再传播，对学校影响力的形成与增强都有重要作用。人们通常比较注意学术论文的引用情况，认为这体现学术成果的价值和影响。其实，对学术成果的再传播，所产生的影响更为广泛深刻。学术传播在数字时代的最重要演变，是学术数据库平台成为学术传播的主渠道，这也给学术活动、学术成果、学术观点在包括互联网在内的其他媒体平台上的再传播提供了极大便利。从更高层面看，学术传播是非常重要的传播现象，既具学术性影响，又产生国际传播、战略传播所期望产生的深层影响，深刻影响人们对科学活动、科学成果及其相关研究团队、研究实体和国家的认知。“科学技术从来没有像今天这样深刻影响着国家前途命运，从来没有像今天这样深刻影响着人民生活福祉。”在我看来，高等学校的传播活动与影响力构建，并不只是一所学校的事，并不只关乎一所学校的影响力和学术声誉，而是讲好中国故事的重要组成部分。增强高等学校的影响力，是构建具有鲜明中国特色战略传播体系和建设中国国际传播能力的重要组成部分，对中国学术传播的发展与成效有战略性影响，将发挥战略效益。

正因为如此，阅读本书，既有助于增强一所高校的影响力，也有助于诸多领域提升讲好本单位故事、讲好本地故事、讲好中国故事的能力。

是为序。

2021 年 12 月 13 日于北京

（作者为天津大学新媒体与传播学院院长，讲席教授）

目 录

CONTENTS

基础篇

进阶篇

未来篇

PART 1 基础篇

新媒体
重塑高校
影响力

第一章
互联网发展历程中的那些事

互联网发展到今天，已经完全改变了传统的传播方式。我们回望互联网的发展历程，便能更好地理解今天的新媒体是如何从传统的网络形态一步步成长起来的，也更能够从那段奋进激昂的历史中感受到，只有顺势而为才能够塑造新的影响力。影响力不是一个固定的答案，而是一种状态，一种在任何时候都把自己置于时代前列的勇气。

1 互联网发展历程

·互联网的起源
·互联网发展的重要节点

要认识新媒体还需要对网络发展的脉络追本溯源，通过这个过程，我们不仅能回顾互联网的“前世今生”，还会有一个非常深刻的体会——每一次信息技术的革新，事实上都是我们站在时代的浪潮上，对自身运营模式的重新定位和抉择。

互联网的奇妙发展史可能要从一张餐巾纸说起。1973 年 9 月，阿帕网（互联网的“前身”，ARPANET）发布了逻辑图。将近半个世纪前，全世界的互联网只有区区 45 台计算机，它们之间的逻辑关系只要用一张餐巾纸就能够完整地画出来。在图 1-1 中，每一个正方形代表着一个节点（网关）。它们共同构成了今天互联网的前身——阿帕网的第一代服务器。

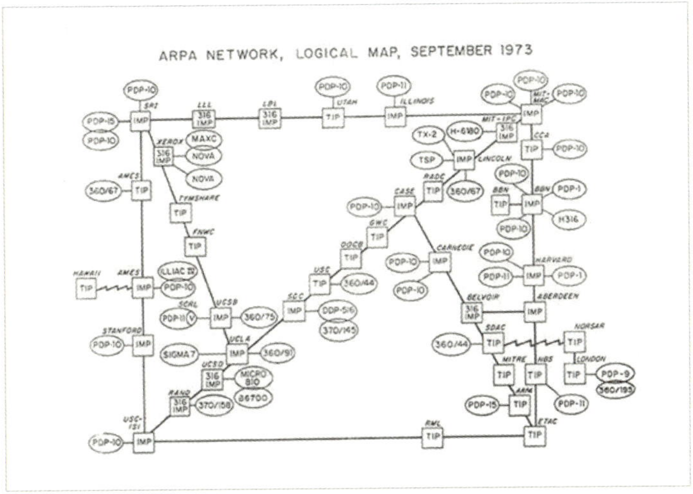

图 1-1　阿帕网的逻辑图

阿帕网作为美国国防部项目得以诞生和发展，1968 年开始研制，1969 年投入使用。1973 年，阿帕网第一次跨过了大西洋，和英国伦敦的一所大学连接起来。20 世纪 80 年代，ARPANET 划分出专门的军用网络和学术科研网络，互联网从最初的军用领域逐步向大众领域延伸。

1982 年发生了一件有意思的事情。卡内基梅隆大学法尔曼教授首次在电脑上打出微笑符号，这标志着人类第一个网络表情符号的诞生（图 1-2）。

互联网发展的浪潮总是在不断更新迭代中奔涌向前。1990 年阿帕网结束了高光时刻，正式退出了历史舞台。同年，第一个商业性质的互联网拨号服务供应商——The World 诞生。

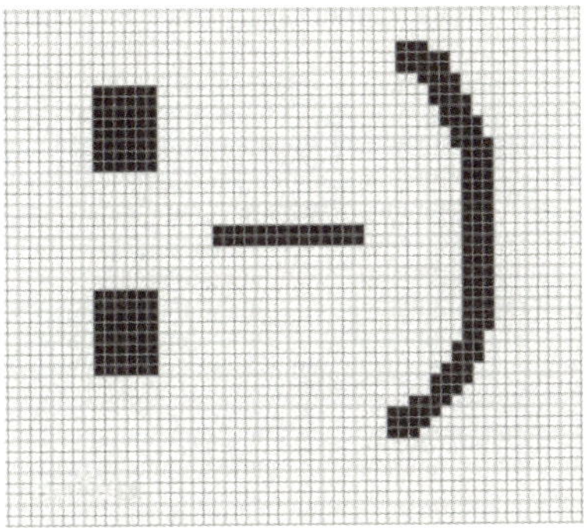

图 1-2　互联网第一个表情符号

图 1-3　雅虎公司

1994年4月20日是我国互联网发展史上“开天辟地”的日子。这一天中关村地区教育与科研示范网（NCFC）通过一根64KB/s的国际专线首次实现了和Internet的连接，建立了我国顶级域名服务器，标志着我国正式成为国际互联网大家庭中的第77个成员。

互联网发展到这个阶段，出现了一家具有标志性意义的公司——雅虎（图1-3）。它的贡献不仅仅是最早创建了最具影响力的门户网站，更重要的是确立了目前互联网行业依然在遵守的全新商业运营模式，就是免费、开放和互联网广告的商业模式。

今天我们能非常容易地在互联网上获取很多有价值的免费信息，得益于雅虎开创了互联网免费共享的先河。在互联网发展的早期，免费的内容少得可怜，而访问数据库需要支付不菲的费用，比如黄页就是早期的付费电子广告。这种开放免费的运营模式，使得雅虎的流量呈几何级数增长，互联网广告也就应运而生了。在网站的不同位置设置价格不同的广告位，雅虎借此实现了营利和长足发展。至此，一个门户网站蓬勃发展的时代开启了。

仅几年以后，中国一群年轻人紧跟时代的步伐，成为国内门户网站的先行者。1997年，丁磊创办了网易，并开通了电子邮件服务，新浪、搜狐也在1998年登上互联网舞台，此时三者形成了第一代中国门户网站的“三大巨头”。同年腾讯公司成立，一款本土的即时通讯软件OICQ开始逐步闪烁光芒，这就是腾讯QQ的前身。

1998年，另一家有巨大影响力的公司崛起——谷歌（Google）。Google一词源于Googol，即10的100次幂，代表着海量的互联网资源。谷歌专注于做好搜索引擎，这是在当时的互联网历史上从来没有人关注过的一个领域。次年，一个叫李彦宏的中国工程师从美国启程回国，在北京创建了一家搜索引擎公司，这家公司名叫百度。目前，百度已经成为全球第二大独立搜索引擎，在中文搜索引擎中名列第一。这两家公司创办的初衷都是力求在搜索关键词和用户需求之间找到平衡，并创造价值。谷歌认为，让用户更快更好地发现信息比流量本身更重要。这就好比在高速公路上，我们通常认为道路越宽容纳的车辆越多，流量自然就越大，但如果换个思路，让车更快地通行，其实也可以使道路发挥更大的效用。不同的理念会带来不同的运行机制。

20世纪90年代末是互联网群星闪耀的年代，涌现了前文所述的雅虎、谷歌、腾讯、百度等互联网商业巨头。互联网最初只展现了电子邮件的功能，或者仅仅起到内部数据通信的作用，但是到90年代末已经呈现出精彩纷呈的一面，它从蹒跚学步进入了小步快走，而基于互联网的电子商务也在悄然兴起。

易贝（eBay）创立于1995年。创立的初衷仅仅是在网上为大家的二手旧物交易提供便利，但二手物品的交易缺乏稳定性，于是平台引入了各种商家，这就开创了一种最早的电商模式。eBay飞速成为电商巨头，后来又开发了移动支付产品，发力PayPal支付业务，这跟如今阿里巴巴集团下的淘宝运营模式有异曲同工之处。

说到eBay，就不得不提它的竞争对手亚马逊。eBay虽说是电商的鼻祖之一，但是商业模式的单一、物流等基础设施的欠缺凸显了其经营短板。而同年创立的亚马逊致力于成为全球最“以客户为中心”的公司，战略布局清晰，在网上零售业务基础上加强物流、云计算等布局，构建了良性生态循环。

由此可见，在电子商务的运行模式中除了商业模式以外，线上支付和专属仓储物流也很关键，它们构成了电商的核心三要素。阿里巴巴很快就意识到自己的一个短板就是专属物流，“四通一达”配送服务有待提升，更重要的是物流意味着信息，拥有巨大的数据价值。我们永远不能忽视大数据在互联网发展中的核心作用。2013年，阿里巴巴大举投资建立菜鸟网络，形成了自己的生态布局。

图1-4
菜鸟物流的无人车

2000年前后是互联网的寒冬。在21世纪的头几年，互联网似乎停止了发展，进入一个极其困难的时期。这个时候融资变得非常艰难，多数互联网企业都在考虑如何生存下去。然而前景看似迷茫时往往酝酿着新的业态。仔细研究这段历史就会发现，这个时期网络游戏开始蓬勃发展，于是催生了一批网络游戏公司。同时，一些门户网站也加入网络游戏产业的行列，如网易、盛大、九城等。有很多网络游戏人们现在依然耳熟能详，比如红极一时的“传奇”“三国志”。很多互联网公司靠网络游戏营收挺过了这个寒冬。

2005 年，SNS 社交网络开始走进国人的视野，并实现了快速发展。这个时期校内网、海内网、开心网等一批社交网络如雨后春笋般涌现。人们对那个年代的集体记忆,必然少不了半夜悄悄从床上挣扎着爬起来去“偷菜”和“抢车位”，这可能是每天在网上做的最有意思的一件事情。

图 1-5
社交网络上“种菜”“偷菜”游戏

SNS 社区蓬勃发展了三年之后，开始显露疲态，进入一个滞涨期。在 2007 年的时候，饭否第一个在中国建立了类似于推特（Twitter）的微博客，饭否的微博在建立之初，带有明显的中国推特的特点，很多用过饭否的人都会记得那个熟悉的界面。

2009 年 8 月，新浪网开始“内部革新”，新浪微博华丽登上互联网发展的新舞台。腾讯微博紧随其后，虽然仅晚了数周，但是在用户的流量上呈现出巨大的差距。而且新浪微博采用了一个非常巧妙的思路，即通过名人效应在短时间内获得大量粉丝的关注。

尤其值得注意的是，以 Facebook（脸书）、YouTube（油管）、Twitter 等网站为代表的新型“自媒体”互联网站继博客、论坛等网络服务之后逐渐占据先机，成为新互联网媒介的代表类型，对全世界的互联网媒介及大众传媒文化体系产生了重大影响。2011 年，微信上线。这个最初的即时通讯软件，从熟人关系链到陌生人关系链，再发展到线下关系链，成为中国互联网历史上第一款月活用户突破 10 亿的产品，形成了一个纵横交错的互联网商业生态圈。

2012 年今日头条发布了第一个版本，以“你关心的才是头条”的口号进入互联网。也许当初谁也不曾想到，这样的产品在几年之后会迅速成长为互联网中的“独角兽”。今日头条通过特有的推荐算法，根据用户的网络行为习惯来精准地对用户画像，并推荐给用户关注和喜爱的内容，从而实现了新闻信息的个性化和精准化推送，增加了用户的用网时长。今日头条初期实际是一个内容分发平台，主要依靠网络爬虫爬取相关内容。而到了 2015 年，通过头条号扶持计划等一系列的动作，今日头条逐步转变为一个内容生产平台，到 2020 年今日头条用户已经创作内容 6.5 亿条，月活用户 4.1 亿，日活用户 1.3 亿。2015 年也被称为直播元年，随着移动直播平台的上线，直播从 PC 端开始向移动端转移，直播平台在 2016 年也进入了激烈竞争和洗牌的阶段。在这一阶段，新浪微博很巧妙地通过扶持“一直播”，从而赶上了直播的快车，并成为明星直播的主要平台之一。

2016 年下半年，抖音开始上线运行，最初的几个月一直没有被用户所关注，但是 2018 年春节抖音迅速火遍全国，美颜、滤镜、各种 3D 贴纸和 AR 相机，让短视频平台成为用户追捧的新平台。直播和短视频呈现出了很强的共生关系，直播 + 短视频成为各大平台发力的重要方向。

截至 2021 年 9 月，我国短视频用户规模达 8.88 亿，占网民群体的 87.8%。我们所熟知的抖音、快手、B 站等短视频平台正在通过不同的运营模式，实现自身快速成长。随着 5G、人工智能、虚拟现实交互等新技术的发展，以视频为主的媒介形式迅速崛起，短视频或许将重新改写人们记录信息、交流信息的方式，主导未来的信息传播生态。在 2021 年的两会期间，新的传播“神器”精彩纷呈，新华社“5G+8K+ 新立方演播室”实现了沉浸式听会聊会，央视网数字虚拟小编“小 C”首次亮相，以新鲜、独特兼具趣味性的报道方式快速出圈，深受广大网友特别是年轻人的喜欢。这个时候的互联网已经从单纯的发布信息发展为真正实现了多维互动，这也许就是互联网的魅力。

2 高校网络形态的发展

·高校校园综合门户网站
·高校网络应用创新瓶颈

我国接入互联网以后，高校便开始了对网络形态的探索。2000 年左右，带宽的提高为校园网个人计算机之间的连接提供了一个高速通道，这个时期高校网络应用形态可以归纳为：门户网站 +BBS+ 电子邮箱。很多高校开始建立自己的综合门户网站，尤其是学生门户网站，如天津大学的天外天网站、华中科技大学的华中大在线等，电子邮箱成为所有高校的标配，师生第一次拥有了以 edu.cn 为后缀的专属电子邮箱。

1995 年 8 月 8 日，清华大学“水木清华”BBS 开通，成为国内第一个高校网络社区。黑白屏幕是那个时期甚至是后来使用 BBS 的人的一种骄傲和标志，因为早期它只支持 Telnet 方式，在 1997 年以后才逐步有了 Web 模式。其他高校的 BBS 大多是 2000 年以后建立的。2004 年“水木清华”BBS 同时在线人数突破了 20000 人，BBS 上不仅有 10 大热门话题，也有众多知名 ID、版主、站务，这里已经形成了一个虚拟的校园生活场景。一年一度的 BBS 站庆以及版聚成为校园中一道亮丽的风景，大家都习惯用 BBS 中的 ID 来称呼彼此，也有很多年轻人因 BBS 而结缘。那是一个属于 BBS 的时代。

图 1-6
清华大学“水木清华”BBS
进站页面

校园网最突出的特点和优势就是共享。同在 2004 年火起来的还有 BT 这种新型的资源分享社区，它通过 P2P 的方式在教育网内实现了资源共享。为了让下载速度更快，越来越多的人参与到资源共享，这样就形成了一个资源共享的快速增长链。同一时期，博客（Blog）在默默发展了多年未见起色后，因为一个偶然的舆情事件，开始进入公众的视线，获得了快速发展的机会。人人都可以在博客网站上开设个人博客，网易博客、新浪博客等一批知名博客网站一夜成为网民关注的焦点。2006 年建立的网易博客在三年的时间内注册用户超过 9000 万，其中包括一批名人。很多高校也模仿社会网站，建立了属于学生自己的博客网站，学生工作队伍也开始入驻博客平台，博客成为开展学生思想政治教育的重要阵地。谁能想到曾经风光一时的博客网站从 2011 年开始逐步走向衰落。2018 年 11 月 30 日，网易博客宣布关闭服务器，停止运营。对于大多数从博客时代走过的网民来说，这无疑是悲伤的一天。在互联网的世界终究是有来有去的，在适当的时候我们需要向那个时代告别。

回顾这个阶段的高校网络应用形态，总的来说还是紧跟社会网站的发展步伐，只是从使用对象的范围上来看还是比较封闭的，基本封闭在教育网内，没有形成比较大的社会影响。除了 BBS 以外，多媒体教学、办公自动化、网络图书馆等也以服务教育网内用户为主，当门户网站的光芒逐渐暗淡的时候，

图 1-7 网易博客

高校网络影响力，尤其是对学生的吸引力也在同步减弱。

2009 年 8 月，新浪微博开始进行第一次微博内测。新浪微博的切入点与其他微博并不一样，它很巧妙地避免了其他微博之前出现的一些管理问题，先从明星做起。新浪微博认为大部分人其实都有关注明星的习惯，所以在建立之初就通过明星的粉丝效应来带动整个平台的活跃度。这一举措无疑是非常巧妙和睿智的。人们第一次通过微博如此真实地了解自己的偶像，觉得新奇无比，新浪微博也在短时间内快速成长。

2011 年微信刚上线运行的时候，飞信还如日中天，当时鲜有人了解微信，谁也不会想到微信会有今天的发展局面，甚至老年人手机上都开始安装微信。

2011 年前后，高校官方开始陆续入驻微博、微信平台（“两微”平台），新媒体这个词也在这个时期成为大家使用互联网的重要新名词。到 2020 年“两微”平台已经成为高校宣传工作的标配。2021 年 1 月，数据显示入驻抖音的高校也已经达到 799 所，使用抖音的在校大学生超过 2600 万。抖音已经成为高校展现风貌，连接社会公众与师生的重要平台。

回顾互联网的发展，如果以 1990 年初为起点，那么大致可以分为四个阶段。

第一个阶段大致是 1990 年到 2004 年，这是门户网站、电子邮箱的时代，在这个时代临近尾声的时候催生了 BBS、电子商务、搜索引擎等平台。这一时期网络应用的形成需要 5~6 年，甚至是更长的周期才会有一个新的变化。

第二个阶段是 2004 年到 2010 年，在这个时期 SNS 成为具有领军意义的互联网社交软件代表，同时 BT、PT、Blog 以及 BBS 等都成为高校学生日常最重要的网络应用。这个时期网络应用形态变化的周期缩短至 3 到 4 年。从这个阶段开始，高校的网络形态应用开始逐步与社会网站脱节，制约高校网站发展的主要因素是人才和技术的积累瓶颈。在 2005 年以前社会网站的技术积累与高校在网络应用中的积累速度和能力几乎相当，高校可以在很短的时间内复制一套几乎一样的产品，但是当网络社区出现之后，其中的功能以及第三方应用越来越复杂，需要系统化地构建和运行，已经不再是一般的学生团队可以在较短时间内完成的工作。高校大部分的创意应用是由学生团队完成的，但团队人员更迭，总是要重新培养新人，无法在一个较高的水平上持续形成技术和人才的积累，因此在这个阶段社会网站的技术水平赶超高校网站并开始进入更快的车道，而高校网站一直没有寻找到一个有吸引力且更有效的教育网内部应用形态，学生群体开始从校内的网络应用向社会网站转移。

第三个阶段就是 2010 年到 2020 年，互联网上各种产品形态几乎是在两三年，甚至是一年左右就会发生变化。这种发展和变化的节奏越来越快。2012 年个性化算法推荐诞生，“第一个吃螃蟹”的应用就是大家非常熟悉的今日头条，后来迅速推广到其他应用。2015 年，进入了直播和短视频元年，抖音、快手、B 站、微信视频号等平台呈爆发式增长，高校也陆续开通官方视频号。2017 年，人工智能的浪潮席卷全球。

第四个阶段是 2020 年。随着各类媒体平台的融合发展，高校融媒体的建设已经提上了日程，建立统一规范、资源有效共享的融媒体中心，能够对公众关注的热点事件快速回应已经变得越来越重要。新的技术手段不仅能够辅助高校了解教育对象，也能够对公众的关注话题进行更有效的分析。同时多平台的分发系统和机制也使得传播变得更为有效，直接触达不同的受众，多维度、多角度的宣传产品和教育产品供给开始迅速增长，未来融媒体的建设将会有长足的发展空间。

回望互联网的发展历程，应该将它的发展作为一个整体对待。在这个发展过程中，给我们最大的启示是什么呢？就是我们对于未来的趋势走向的所有判断，决定了今天互联网的产品形态，每一种产品形态都是对商业模式的选择，也是一种气度和格局。这些产品构成了当今互联网的生态，给我们呈现出了一个精彩纷呈的网络世界。

3 高校有意思的平台

·高校的主要产品形态
·高校的平台特点

网络信息技术的快速发展，推动了信息传播形态和传播方式的日新月异，多元化、多渠道、多平台传播渐成主流，高校的网络产品也日趋丰富。网站、BBS、微博、微信等新媒体产品大量涌现，同时随着近年来短视频平台的崛起，通过入驻抖音、B站等各种视频平台来传播声音、构建形象、连接用户成为高校提升影响力的新途径。

经过20余年的更新迭代，高校互联网平台逐渐走出了一条镌刻着自身烙印的发展之路。首先，高校互联网平台区别于社会网络平台的最大特点就是以育人为核心使命，是基于师生需求导向的。高校的立身之本是立德树人，高质量的人才培养是高校一切工作的出发点和落脚点，网络平台的构建也是基于这一初衷。其次，高校互联网平台建设主体更加多元化。最早的高校平台多是自主研发的，基本是在校园网的范围内使用，但是随着新媒体的普及和发展，高校网络应用开始持更加开放和包容的态度，与社会媒体的“跨界合作”渐成高校网络形态发展的新趋势。再次，高校互联网平台发展态势好且迭代速度快。新技术带动高校网络应用的覆盖面不断扩大，使得高校网络形态日趋丰富，但同时平台生命力源自“人气”，即本身的用户数。因为高校平台的使用对象相对集中，主要是在校师生和校友，大家觉得方便快捷、有趣有效，自然会聚集较多人气，平台的“寿命”就会延长，反之，会很快被淘汰。此外，高校全媒体传播体系建设不断推进，信息驱动引领作用不断凸显。高校不再拘泥于一个发声筒，而是充分利用微博、微信、短视频平台等多种媒介形式来共同发声，并综合运用 VR、AR 等多种智能化媒介技术，传播体系日益丰富，在塑造校园形象、提升高校影响力方面发挥重要作用。

近些年，高校网络平台如雨后春笋般不断涌现，其中不乏“有意思”“有特点”“有成效”的深受师生喜爱的“网红”平台。

教育大数据已成为高校育人工作的重要支撑与创新动力，成为教育综合改革的新生力量。对各平台信息数据进行挖掘分析，用好大数据这个利器，有利于打通高校思想政治工作存在的盲区、断点，提升工作科学化水平和育人实效。

案例 1：以数据驱动的网络育人模式——电子科技大学大数据一体化教育平台

电子科技大学是教育部首批高校校园网络文化建设专项试点高校，把大数据技术广泛用于学生教育、管理和服务，逐步构建起了大数据一体化教育平台，创新形成了“以数据驱动的网络育人模式”。该平台通过海量、动态地分析青年学生学习成长中的感知数据、行为数据、社交数据，精准探究青年学生思想行为特征和规律，实现网络思想政治教育工作的移动化、精准化、智能化；基于“学生数据中心”，从生活规律性、努力程度、技能掌握程度和兴趣爱好四个维度，对不同学生群体和个体进行画像，以便开展精准化思政教育，实现教育资源的智慧匹配。比如：荣誉勋章系统——精确评估学生素质发展情况；“微招聘”智能双向匹配推荐系统——精准就业帮扶；助学金评定系统——智慧化的精准资助等。

随着新媒体产业生态的迅猛发展，“指尖上的校园”逐渐成了很多高校的标配，将校园各种资讯服务集成到 APP，打造“一键触达”的综合校园网络生态服务系统，在不少高校已不是新鲜事。

案例 2：学在北洋，一手掌握——天津大学“微北洋”APP

“微北洋”是天津大学学生自主研发的一款校园 APP，面向天津大学全体师生，并集校园新闻、学生党建、自习室查询、校园公告、GPA查询、图书馆查询、就业咨询、失物招领于一体，学习、生活、娱乐尽在掌握，是每个天大学子都在用的校园掌中宝。“学生党建”是“微北洋”的一款特色应用，借助新媒体手段，把党员“联”到网上，把组织“建”在云端。同时在PC端上也更为系统地建立了网上学生党校、网上学生党建工作体系，形成了基于新媒体的多维学生党建工作体系。对入党申请人、积极分子和党员进行分层次培养，实现课程学习网络化，并通过网上报名、选课、测试、成绩查询等一系列功能将传统党校所承担的工作在新媒体平台中实现。一名大学生从提交入党申请书到最终成为正式党员，所有环节及相应要求都对应了严格的时间节点，并可进行自动判别、审核、标识和记录，实现了组织工作的信息化、数据化和可视化。

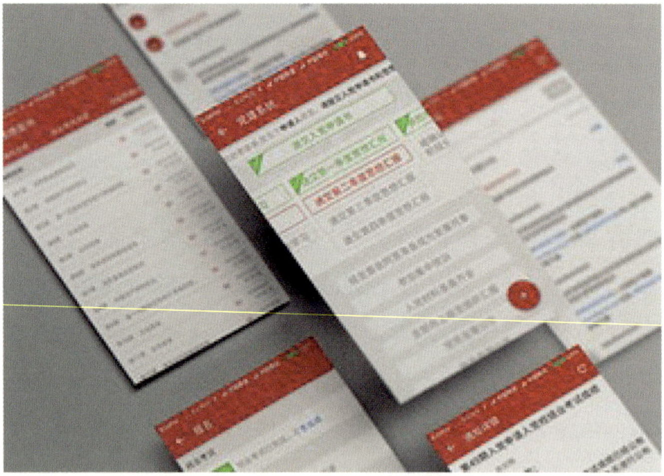
图1-8　天津大学学生党建系统

“十四五”规划和2035年远景目标纲要提出要建设高质量教育体系。高质量教育体系就对应着高质量的课堂教学，如何坚持以生为本，激励广大教师回归课堂、潜心教学是摆在高校面前的新课题。

案例3：以学生和学习为中心——西安交通大学“采评督帮—四精模式”新课堂

为了有效提升课堂教学质量，改进教育教学和教学管理，西安交通大学充分利用现代信息技术和大数据分析手段，本着“问题导向、平台驱动、机制创新、提质增效”的思路，经长期系统研究与实践，在全国高校首创教学质量实时监测大数据平台，建立“技术—制度—管理—服务”协调联动的质量提升新机制，运用大数据、人工智能、云计算、物联网等技术，实现所有课堂的精准采集、精准评价、精准督导、精准帮扶，打造“四精模式”新课堂，即精准采集“听诊器”，实时采集教学状态数据；精准评价“超声仪”，科学评估教学中存在的问题；精准督导“理疗仪”，及时指导教师改进教学方法；精准帮扶“导航仪”，个性引导学生，促进其全面发展，并将评价结果作为教风学风、绩效分配、职称晋升的主要依据。通过建立教务、学工等多部门协调联动机制，增强了教师教学能力，保证了“以学生和学习为中心”的教育理念的实施，真正实现了师生共同敬畏课堂、提升质量、促进发展。

图 1-9　新课堂与传统课堂的比较

聚焦高校立德树人的根本任务，在推进全员全过程全方位的育人体系建设中，部分高校逐步贯通第一课堂和第二课堂的教育教学实践，按照德智体美劳“五育并举”的教育工作要求，建立起一套可量化评价的成系统的第二课堂成绩单。

案例 4：合肥工业大学建立第二课堂成绩单工作运行体系

为了建立第一课堂和第二课堂协同育人机制，同时在顶层构建大思政格局，合肥工业大学建立了包括课程项目体系、记录评价体系、数据信息体系、动态管理体系和价值应用体系在内的“第二课堂成绩单”，构建了学生用户、学校管理用户、社会用人单位用户的分级管理信息系统平台，实现了过程化管理，可以对学生第二课堂的参与完成情况进行科学化评价和客观记录，并且通过智慧化平台管理，确保所有信息及时准确。通过大数据实时分析，既可以为学校开展第二课堂实践教学提供课程调整依据，也可评估教师和各开课单位的参与度与贡献度，可以通过培养方案和评价体系的设计激发学生和教师的内在动力，形成科学的工作体系。

图 1-10
合肥工业大学
第二课堂成绩单
信息管理系统平台

小结与经验

我们需要顺应时代的发展，尤其是契合互联网的发展趋势，在新的网络形态中寻找高校育人需要突破的重点问题，将互联网发展趋势与高校育人工作进行有效的结合。同时高校还面临着技术发展的瓶颈，在人才储备以及技术储备中与社会存在着一定的差距，需要换道来进行比较。在新的社会网络媒介中，不同的高校可以颠覆传统的刻板印象，运用新媒体塑造不一样的影响力，让受众通过新媒体感受到高校锐意创新的新气象。

新媒体
重塑高校
影响力

第二章
当新媒体走进象牙塔

社会声誉是高校影响力的直观反映，媒体或媒介信息不仅影响人们的判断，也会给人们留下标签化的印记。新媒体的背后是数字逻辑、数字生态和数字化内容催生出的新认知形态，它通过新颖的表现形式、精准的分发渠道和良好的互动体验，对传统媒体形成了非对称性优势，让每一所高校都有机会成为互联网时代“别人家的大学”。

1 高校新媒体的影响力分布

· 高校新媒体影响力评价指标
· 高校新媒体影响力分布特点

高校的影响力是一所大学综合实力的体现，不仅体现了其教育教学、学术研究、人才培养质量等多方面的成就，也在公众心中勾勒出一个清晰的个性鲜明的形象。当被问及高校印象时，普通民众总会用关键词来描述高校，这是民众真实而纯粹的感受。而在新媒体时代，一个全新的传播形态正在影响和改变受众的认知与判断，高校通过新媒体来重新塑造影响力的过程，既是自我展现的过程也是向民众传递理性思维的过程。内容生产、分发传播、媒介生态和技术算法共同构成了新媒体时代下高校影响力的关键环节。我们将在本书中分别对其进行详尽的剖析，从另一个角度来看高校的影响力如何通过影响受众的主观感受，在适当的时候转化为话语权。这种话语权增强了高校在互联网上议题设置的能力。因此高校的新媒体影响力成为衡量高校影响力的重要参考。目前，新媒体影响力有不同维度的评价指标，既有媒体也有专业机构对高校新媒体影响力进行排名，如《中国青年报》（简称《中青报》）、人民网、清博指数和新榜的影响力排行榜。

为评估全国各高校官方微信公众号影响力，《中青报》从 2014 年 11 月 17 日开始，每周一推出全国高校的微信公众号综合影响力排行榜以及相应的文章阅读量排行榜；从 2018 年 2 月开始，每月推出全国普通高校微信公众号综合影响力排行月榜以及相应的文章阅读量排行榜。榜单数据由清博指数提供支持，主要通过微信传播指数 WCI 来评价，并通过推送文章的传播度、覆盖度及公众号的成熟度和影响力，来反映整体热度和公众号的发展走势。

人民网教育频道与人民网舆情数据中心每年联合推出年度中国高校社会影响力排行榜，高校新媒体影响力榜单是其中一个重要指标。新媒体影响力主要由覆盖指数、传播指数、互动指数构成，通过对高校社交媒体账号，主要是“双微”服务力、传播力和互动力等指标进行赋权分析，综合评估高校“双微”等新媒体的综合影响力。

清博指数隶属于北京清博智能科技有限公司，是第三方新媒体大数据评估和研究平台，其 WCI、BCI、TGI 算法公式已成为部分行业新媒体的评价标准，对应产生了微信榜单、头条榜单、抖音榜单、B 站榜单、网络传播指数榜单等，分为日榜、周榜和月榜，并可在时间、地区、分类中进行个性化排榜。

新榜则为上海看榜信息科技有限公司旗下产品，也是一家提供新媒体大数据服务并可以进行内容和产品孵化的公司，即通过其自身平台为内容创作方提供市场需求，同时也向各个新媒体平台引流，培育和孵化具有市场潜力的新媒体创业团队。

从人民网近三年发布的高校社会影响力排行榜可以看出，全国多数高校的社交媒体矩阵已构建完成，涵盖了主要的新媒体平台，“双微”的运营也已经开始形成各高校的特色，突显学校的办学治校理念，其中北京大学、清华大学、上海交通大学、浙江大学、厦门大学等高校新媒体影响力连续三年稳居全国高校的前十位；武汉大学、山东大学、四川大学、郑州大学、天津大学、南开大学、西北工业大学、大连理工大学、湖南大学、中南大学、陕西师范大学均进入过高校新媒体影响力榜单前十。

我们以《中青报》全国高校微信公众号综合影响力月榜为研究对象，梳理了 2018 年 1 月至 2021 年 1 月榜单数据库（少数月份未出榜单，未列入统计），发现浙江大学、武汉大学、四川大学、天津大学、上海交通大学、北京大学、厦门大学、南开大学、清华大学、郑州大学、大连理工大学、华南师范大学、北京航空航天大学等24所高校连续三年不间断进入月榜；另有24所高校进入月榜的频次在90%以上。

从月榜前60名高校的稳定度分析情况看，新媒体影响力与高校自身办学实力呈一定正相关，百强榜单中高校知名度和综合排名普遍较高，2020年评选的官方微信百强高校排名前20的全部为“双一流”高校。

从高校类型上看，月榜排名前60的高校中综合类占50%，理工类占30%，师范类占8.3%，而财经类、语言类高校占比偏小。可见综合类大学在新媒体影响力方面占据一定的优势。

从地域分布上看，高校的影响力分布呈现一定的地域分布特点，京津冀

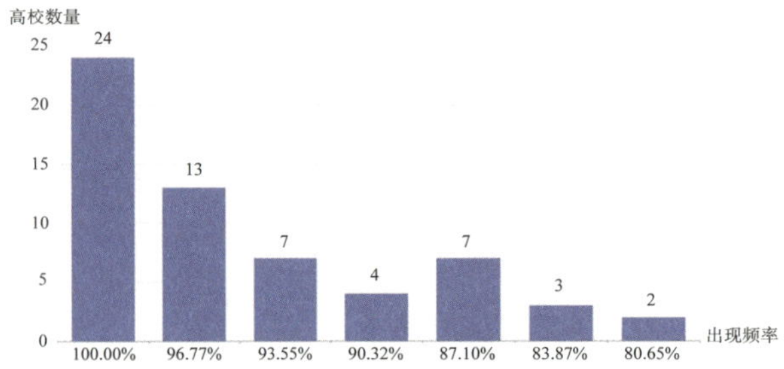

图2-1 《中青报》月榜排名前60高校的稳定度分析

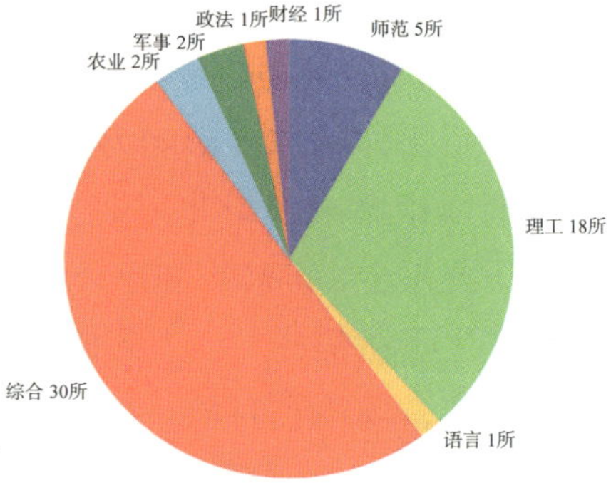

图2-2 《中青报》月榜排名前60高校类型分析

地区、东南部地区分布相对集中，中部及西部地区呈散落分布状态。这可能因为京津冀地区、东南部地区经济发展水平较高，并且高校数量相对偏多。当然，随着网络信息技术的飞速发展，新媒体受重视程度和普及度会迅速提高，新媒体影响力的版图将不断扩大。

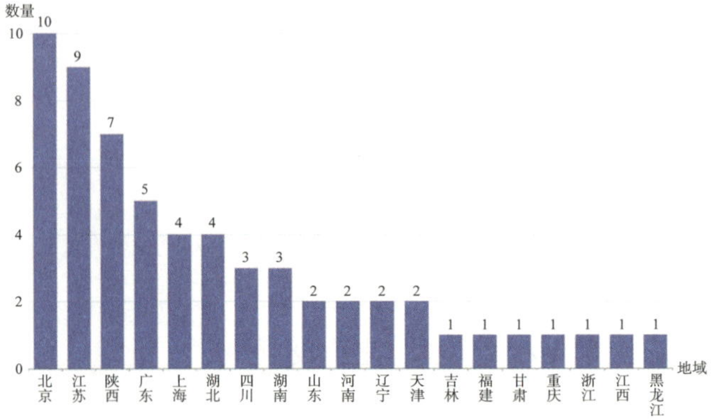

图2-3 《中青报》月榜排名前60高校地域分布情况

2 高校新媒体的影响力平台

· 高校新媒体平台影响力总体情况
· 高校新媒体主要平台应用

为分析高校新媒体平台的运营情况，笔者选取了部分“双一流”高校进行了调研，调研高校共45所，既有综合类高校，如浙江大学、上海交通大学、武汉大学等，也有行业属性较强的高校，如陕西师范大学、中国戏曲学院等。数据显示，被调研高校100%入驻微博和微信平台，93.33%入驻抖音平台，80%入驻B站，53.33%入驻快手平台，66.67%入驻今日头条。此外，在针对媒体平台号的调研中发现，77.78%的高校入驻学习强国。

从以上数据可以看出，就高校新媒体影响力平台而言，“两微一端”（即官方微博、官方微信、校园APP），尤其是官方微博和官方微信仍然占据高校新媒体平台主导地位，几乎达到全覆盖，依然是高校开展宣传工作的重要平台和抓手。但随着媒体形态的快速迭代，高校宣传工作格局也发生了些许变化。2020年是短视频元年。截至2021年9月，中国短视频用户规模达到8.88亿（第48次《中国互联网络发展状况统计报告》），占整体网民的87.8%，成为互联网第三大流量入口。随着 5G、AI 及移动互联技术的进一步发展，短视频已全面融入我们的日常生活，影响着我们与世界的连接方式、沟通形式和融合态势，同样也影响着高校的新媒体生态。近些年，高校新媒体运营者们敏锐地捕捉到短视频在高校形象传播中的重要作用，开始重视加强与短视频平台合作，不断延伸和拓展新媒体传播渠道，纷纷在抖音、B 站、快手等短视频平台上登台亮相，深耕细作，同时还通过有组织的校际之间的短视频联动、短视频与长视频的互动，产生了具有全国影响力的现象级产品。高校新媒体影响力平台已经由传统的“两微一端”，转向多种媒介生态互融互通、专业力量参与的媒体融合传播模式。

截至2021年3月，贵单位入驻的新媒体平台有：［多选题］

选项	小计	比例
微博	45	100%
微信	45	100%
微信视频号	25	55.56%
抖音	42	93.33%
快手	24	53.33%
B站	36	80%
知乎	4	8.89%
今日头条	30	66.67%
其他：[详细]	10	22.22%
本题有效填写人次	45	

图 2-4 抽样高校开设新媒平台的情况

※ 微博

自 2009 年 9 月 11 日华中科技大学开通第一个高校官方微博开始，官方微博逐渐成为高校新媒体传播的标配，我国高校已经形成“微博矩阵生态”。微博发布的《2020 年用户发展报告》显示，微博已经完成了代际转换，目前“90 后”“00 后”用户占比达到了 78%，之前在微博上活跃的“80 后”已经降至 18%，同时“00 后”中女性用户占比已经达到了 61.6%，实现了由“80 后”男性用户主导到“00 后”女性用户主导的转换，在内容上“00 后”和“90

后”更关注娱乐内容，而“80后”更关注社会广泛话题。在大V的关注数方面“80后”还是高于“00后”和“90后”，达到人均关注140人，“00后”这一数据只有75人。而大学生是微博高渗透率群体，全天候活跃是常态。教师群体呈现自媒体化趋势，发博量与阅读量双高，是高校领域最具生产力和传播力的知识大V。微博校园通过大规模的统计调研发现，大学生群体常用APP中，渗透率较高的第一梯队为QQ（96%）、微信（95%）、微博（87%）（来源：微博校园《2018中国大学生日常生活及网络习惯调研报告》）。从目前高校的新媒体生态格局上看，微博和微信并驾齐驱，且有各自的特点和优势，比如微信的社交媒体属性占优势，圈群效应明显；微博因其开放性，媒体功能更加凸显，尤其值得注意的是，高校的官方微博在突发事件处置和舆论引导方面起到了非常重要的作用。

※ 微信

“微信十年，如果非要用两个词来描述微信，我想，一个是连接，一个是简单。”2021年“微信之夜”现场，腾讯高级副总裁、微信事业群总裁张小龙如是说。微信自2011年1月推出，目前每天有10.9亿用户打开微信，3.3亿用户进行视频通话。“微信，是一个生活方式”，这是微信中文官网的标语。事实上，今天的微信是生活，生活也融入了微信。微信的十年也是高校新媒体蓬勃发展的十年。华中科技大学2012年首推官方微信公众号，截止到2019年5月，全国1000多所本科院校已经拥有2852个官方微信公众号，覆盖大学生达2000万人。微信公众号是微信的一个免费功能模块，面向公众提供四种账号类型，分别是服务号、订阅号、小程序以及企业微信。2020年，微信内测视频号，吸引了越来越多的高校官方平台入驻。如前所述，面向国内45所高校新媒体运营状况的调研显示，55.56%的高校开通了微信视频号，内容的视频化表达不仅是社交媒体发展的趋势，也是各高校新媒体传播战略调整的风向。

※ 抖音

抖音作为最火的短视频投放平台之一，是各高校传播校园文化、塑造对外形象的重要窗口。2021年1月，抖音发布《2020抖音数据报告》，报告显示，抖音国内日活跃用户数突破6亿（2019年日活跃用户数为4亿）。虽然每一条抖音只有15秒，但38%的用户使用时长都在30分钟以上。抖音无疑已成为一个巨大的流量入口平台，也为大学塑造良好的形象提供了高效的渠道。

QuestMobile 数据显示，目前抖音用户中，男女用户比例基本平衡，使用人群更偏年轻化，19 至 30 岁的用户占 43%。也有研究者对主要用户群体大致进行了分类，主要分为“活力时尚的‘95 后’”“带动潮流的‘90 后’”和“年轻‘00 后’带动的‘80 后’”。可见年轻一族是抖音的主力军，这也使得这个平台成为很多主打潮流时尚的品牌发起新一轮攻势的线上战场。作为以青年学生为主体的高等学校已迅速抓住抖音这一短视频新媒体平台，吸引受众、扩大影响力。2020 年，清华大学就以超过 3600 万人的观看总人数登顶抖音高校直播观看人数榜榜首。一所高校的影响力不仅存在于现实的有直接联系的群体之中，也存在于未来的潜在受众群体之中，培育网民的意识和认识，也是我们塑造影响力的前瞻性工作。

3 高校新媒体头部用户特点及结构特征

·高校新媒体头部用户特点
·高校新媒体头部用户结构

本章的第一节已经探讨过高校新媒体影响力的分布情况，在此基础上，本节分析这些有着巨大社会影响力的高校新媒体头部用户具备哪些特质。

2020年12月21日，《中青报》客户端基于人民网发布的《2019—2020中国高校社会影响力排行榜》数据分析，高度概括过这些特质，提到“通过分析新媒体综合影响力排行前十高校的‘双微’基础数据，发现高校新媒体影响力呈现以下特点：一是高校‘双微’平台活跃度高；二是微博原创内容比例明显上升；三是高校‘双微’中用户新媒体接触习惯逐渐巩固，转发、评论、点赞等互动行为数据走高”。（来源：《中国青年报》客户端）

就平台的活跃度而言，这些高校新媒体头部用户（以下简称头部高校）的粉丝量庞大。“头部”是相对于“尾部”而言的，指的是网络传播力强、资源相对集中的用户。如位于2020年中国高校媒体影响力榜榜首的武汉大学，“双微”的粉丝量均突破100万，其中官方微博粉丝量超300万，其中不乏师生校友、家长、社会公众等，尤其是武汉大学每年的官方微信樱花预约通道在很大程度上助推了粉丝量的迅速增加。这就好比一个数据池，数据储备越丰富，粉丝带来的红利就越多。庞大的粉丝数是高校新媒体运营的基石。

当然，光有粉丝量还不够，粉丝黏性和忠诚度才是关键所在。这其中的决定因素很多，最直接的就是高校本身的社会影响力。高校自身的影响力大，用户黏度高，新媒体平台的影响力多数会占据一定优势。如天津大学官方微信关注人数虽然只有 24 万，与部分头部高校尤其是前十名高校动辄百万关注人数相比，无疑不占有优势，但是篇均阅读人数却达到了 2 万，转化率接近 10%，说明粉丝黏性和质量很高，很大一部分是铁杆粉丝。

而发布内容本身是否是用户真正关心和关注的，是否契合了高校本身的价值输出需求，也相当重要。无论是在文图主导的媒介时代，还是在音视频平台快速发展的今天，“内容为王”依然是推动媒体发展的关键，是媒体的立身之本。优质、专业、多元、深度的高品质内容是头部高校新媒体传播的核心竞争力。头部高校的“内容为王”体现在对内容选择和策划上的定位精准，在时间节点把握上的定位精准，在内容生产形式上的定位精准。招生季、毕业季、校庆日等都是各高校发布推文的重要时间节点，同时，及时准确地把握社会热点，回应师生校友关切的社会问题，也是头部高校成功运营新媒体的法宝之一。2021 年 4 月 6 日，厦门大学（简称厦大）迎来百年校庆，学校通过专题、话题、短视频、直播、SVG 创意微信等多种形式，在人民号、今日头条、腾讯新闻、微博、微信、抖音、快手等平台累计推出数百篇新媒体文章，《习近平致信祝贺厦门大学建校 100 周年！全文来了》《今夜，上弦场！百年厦大穿越时光！南方之强万里扬帆！》等报道，多平台同步传播，阅读量超百万。

此外，新媒体运营的勤奋度和互动性也非常重要。新媒体传播力评价的一个关键指标就是互动性，包括点赞、转发、评论、在看等。浙江大学（简称浙大）2020 年官方微信公众号发布推文 692 篇，平均每天发布推文约 2 篇，其中 10 万 + 的推文情况见表 2-1。

由表 2-1 可以看出，2020 年受疫情影响，以弘扬抗疫精神为主题的推文备受关注，尤其是深入疫情科研攻关一线的李兰娟、陈薇院士的推文关注度很高；与师生密切相关的推文诸如集体婚礼、校庆、开学典礼、新年音乐会等容易引发师生共鸣，粉丝互动频繁，转发量大。浙江大学 2020 年发布的 692 篇微信推文中，375 个标题包含“浙大”两字，95% 以上的推文内容与浙大相关，因而与师生校友保持着较高黏性。

表 2-1 浙江大学 10 万 + 推文情况

标题	阅读数	点赞数	评论数	在看数
情况通报！	100000+	4082	0	4923
全程高甜！李兰娟院士现场祝福、苏德矿老师献歌，123 对新人“缘定浙大”	100000+	2178	266	1564
教育部任命黄先海为浙江大学副校长	100000+	1669	49	1039
最美学习笔记再度来袭！感受笔尖上的浙大范儿	100000+	1599	307	650
表彰！	100000+	1440	129	1228
今夜，星光为你们点亮！全景直击浙大 2020 级本科新生开学典礼	100000+	1437	299	1015
“人民英雄”陈薇院士回浙大啦！	100000+	1358	105	1201
开抢！浙大新年音乐会门票在等你	100000+	1198	794	366

4 高校新媒体运营团队素养要求

·高校新媒体建设运营情况
·高校新媒体运营团队素养要求

高校新媒体的建设管理有别于一般的社会媒体，各新媒体平台自“出生”开始就被打上了“高校”的烙印，意味着这不仅仅是信息发布、资讯交流的平台，更是高校引领思想导向、传播大学文化、塑造对外形象、彰显大学责任的重要渠道。

前期针对国内45所高校的调研数据显示，高校新媒体平台管理全部归属宣传部，但是具体管理部门不尽相同，其中75.56%归属宣传部新闻中心，少部分归属融媒体中心、网宣办公室等。新媒体主管部门的处级建制多数为1人，占比51.1%，2人的占比17.8%；专职人员配备不到3人的占51.1%，3到5人的占37.8%，极少数高校达到10人以上。绝大多数高校都由专职新媒体老师和学生团队负责具体运营，学生团队规模差异显著，以10人以下、10到30人、30到50人、50到100人和100人以上为五级维度，各占比20%左右。从上述数据可以看出，高校新媒体运营团队总体机构较为健全，但随着新媒体传播在引领舆论生态、传播高校声音方面的作用越发凸显，加之新媒体平台数量和种类日趋增多，工作定位高强度大，专职人员配备上仍有较大的提升空间。

媒体融合发展是教育融媒体发展的走向。2019 年 5 月，教育部就启动开展了教育系统融媒体建设试点工作，高校教育融媒体中心已成为教育新闻工作转型升级的突破口。在针对融媒体中心建设的调研中，46.7% 的高校表示已经建有融媒体中心，还有 44.4% 的高校“正计划建设”。其中中国传媒大学、西北工业大学的新媒体管理均在融媒体中心，说明各高校对校园媒体融合发展趋势非常认同，对融媒体建设高度重视并已加快推进。这必将积极推动教育新闻工作的传播力、引导力、影响力和公信力的提升。

此外，在新媒体建设和管理制度的调研中发现，82.2% 的高校都具有“完备的新媒体管理制度”，这也充分体现了高校在新媒体平台的建设和管理方面规范有序，体制机制较为健全。在“您认为，高校新媒体运营团队需要的基本素养”一题中，“较强的政治素养”“文案写作能力”“新媒体产品设计能力”和“良好的网感”等选项都位于前列，“新媒体技术能力”“数据分析能力”等选项也非常受关注。

高品质的新媒体作品背后是高素养的新媒体运营团队，就高校来说，新媒体团队需要具备“五感”，即“敏感”“网感”“灵感”“美感”和“情感”，这“五感”对运营好官方平台至关重要。

表 2-2　高校新媒体运营团队素养调研

选项	小计	比例
较强的政治素养	39	86.67%
文案写作能力	43	95.56%
新媒体产品设计能力	44	97.78%
新媒体技术能力	40	88.89%
数据分析能力	26	57.78%
良好的网感	41	91.11%
其他	3	6.67%
本题有效填写人次	45	

“敏感”既体现在对高校官方平台属性的定位上，也体现在运营团队把握国家大势的能力上。优秀的团队总是能够在寻找自身特色的同时和国家发展、社会需要、民众关切很自然地结合起来，将学校发展放在时代大背景下去考量，让新媒体的内容具有时代特色，能够反映时代、记录时代，体现这个时代人们的精神状态。精神层面的内容是最能直抵人心的。这种敏感性还体现在将国家意志和个人意识很巧妙地统一起来。校园新媒体运营者既要坚守育人初心，弘扬正能量，传播主旋律，又要把握好“时、度、效”，在思想碰撞中增强判别力，在重大议题中增强引导力，要把国家发展的大格局作为所有新媒体人的一门必修课，不管媒体生态和传播形式如何改变，传播的价值导向永远不会变。

“网感”既包括对网络新媒体发展趋势的敏锐嗅觉，也包括对网络热点话题的捕捉能力和回应能力。“良好的网感”是高校新媒体运营团队的基本素养要求，团队要有见微知著的能力，从纷繁复杂的平台信息中洞见新热点，找准社会热点与高校本身的契合点往往也是“爆款”产品产生的源头。比如，2019 年 5 月，浙大微信公众号发布推文“到华为去”，鼓励学生到华为应聘，这不仅造就了浙大微信公号的一篇 10 万 + 文章，更是带动了其他高校对华为招聘的支持。高校新媒体团队如果想有更大的影响力，就要善于在凝练自身文化特点的同时，打造属于高校的 IP，并形成一套形象体系和文化作品，打造真正具有传播力的网络文化符号。

“灵感”讲的是对产品的策划能力和持续的创新能力。为何一个相似素材在 A 高校能成为现象级爆款产品，而在 B 高校却关注度低，无人问津？一个非常重要的原因就是“灵感”，这是新媒体作品的灵魂和闪光点所在。新媒体的“新”不仅体现在传播方式和传播渠道上，也体现在内容本身。“小切口”讲好“大故事”是新媒体传播的重要方法之一。一名优秀的新媒体运营者从一定意义上讲极有可能是一名优秀的“导演”，需要精准把握目标用户需求，从海量信息中提炼关键信息，结合自己的创作灵感，去勾画一个新媒体产品的“剧本”，这就是综合策划能力。而持久的创新能力也是新媒体永葆活力的源泉，体现在素材分析、内容设置、技术植入、用户运维等多个方面。面对日新月异的网络新技术应用和数量众多的高校新媒体平台，运营人员需要不断地学习充电、更新知识体系、提升创新能力，才能使自家高校脱颖而出，达到好的传播效果。

“美感”是对网络新媒体运营团队更高层次的要求。事实上，新媒体运营比传统的新闻宣传要求的综合素养更高，需要很多的交叉学科来支撑，比如新闻学、大数据分析、计算机应用，再比如美学。新媒体的特点决定了其内容的呈现是有“仪式感”的，这个“仪式感”可能体现在文字排版、图片编辑、视频剪辑等诸多方面，很难想象一个图片模糊、剪辑混乱，甚至字体行距非常不符合阅读习惯的新媒体作品会得到读者的青睐。高品质的新媒体文化作品一定是“赏心悦目”的，这就暗藏着运营团队的审美能力和对美的追求。即便微信蓬勃发展十年，张小龙依然说：“微信和十年前一样，依然是小而美的产品。”发现美、追求美、创造美，是新媒体运营团队必备的素养，也是新媒体运营团队用户思维的体现。现在有很多的技术平台可以辅助实现美感提升，比如“秀米”编辑器、135 编辑器、美图秀秀、剪映等。

“情感”是新媒体运营的出发点和落脚点。事实上，高校新媒体平台是自带“情感”体质的，因为它的第一波粉丝是师生校友，高校的特殊属性定义了它本身的情感特质。将校园文化与可爱的卡通形象相结合，打造新媒体平台的人格化模式是高校新媒体平台运营的通用方法。青春活泼的软萌“妹子”、正义憨憨的阳光“少年”、呆萌有趣的各种卡通人物等都是新媒体平台的代言人。高校通过这些人格化的形象、轻松接地气的内容、清新明快的文风，一下子就将“正襟危坐”的新闻媒体形象变得亲民起来，与用户“想”到一起、“玩”到一起、“互动”到一起，很容易就拉近了和平台用户的距离，从而引发舆论的情感共鸣，真正让新媒体内容走进用户心中，达到“润物细无声”的效果。此外，从用户情感需求出发，在内容设计、话语模式和表现手法上积极创新，也是增进情感的方式。

小结与经验

高校新媒体正以独特的视角来审视、传播、重塑着高校的对外形象和美誉度，从一定程度上说，高校新媒体的影响力也在潜移默化地作用于高校的社会影响力，是其中非常重要的影响因子。高校也意识到新媒体的工作具有很强的专业性，在媒体融合的大趋势下，需要通过机制建设和机构调整来提升新媒体工作的专业化水平。新媒体重塑影响力的背后实质上是高校在新时代对自身文化内涵的再挖掘和对传播规律的再认识，这一过程改变了公众对高校媒体的刻板印象，让大学与时代发展同频共振。

新媒体
重塑高校
影响力

第三章
聊聊网络生态与影响力

伴随着互联网的发展，新媒体快速崛起，多元化的媒介形态不断涌现，它们各显其能、大放异彩又相互关联。高校新媒体建设不能简单地固守一隅，而是要置身于整个互联网生态发展的大局中，只有打破藩篱、互融互通，才能最大限度利用平台、技术、渠道、用户等各级各类资源，充分释放和激发运营活力，从而提升校园新媒体的传播力、引导力、影响力和公信力。

1 新媒体的新形态

·网络生态及基本要素
·新媒体网络生态的核心竞争力

数字经济已经成为新经济形态的重要组成部分，数据已经成为关键性的生产要素，而技术创新驱动、实现了平台之间的融合。平台之间的博弈将会被共生共赢所取代，形成一个生态共同体，我们需要突破原有的线性思维，从生态依存度的方向再次思考体系构建，尤其是传播体系的构建。

在大数据、云计算、人工智能等技术的驱动下，网络生态改变了信息的传播渠道和传播格局，更悄然重塑着人与人之间、物与物之间、人与物之间的关系。随着“互联网+”计划的推进，互联网不断嵌入社会生产、生活、教育、医疗等各个领域，在改变传统产业、创新新兴产业的同时，也引起了社会结构和社会关系的深刻变革。打开微信就可以和家人、朋友聊天，登录大众点评就可以快速锁定周边的美食，在京东平台能实现24小时生鲜到家，出行自驾必有百度地图“保驾护航”……毫不夸张地说，我们的衣食住行无时无刻不在和网络打交道，看似虚拟的网络生态圈已经和现实的社会生产生活浑然一体。我们一方面用新技术催生着网络生态的形成，另一方面置身于网络生态之中与其互融互生，在网络互动社交中又赋予网络生态新的内涵，促使网络生态得以动态式发展。网络生态就像阳光、空气、水一样，成为我们生存密不可分的一部分。网络生态涵盖的基本要素很多，比如技术、渠道、人力、内容等，其中，平台、服务和头部用户是非常关键的组成要素。

※ 网络生态视角下平台的“推陈”与“创新”

平台模式并不是一个新概念，但在网络生态视角下，平台不仅仅是一种运营模式，它同样代表着平台思维，是对内激发创新思维和活力，对外整合资源、重塑价值链的一种重要力量。在网络生态环境中，平台模式的一个非常显著的特点就是垂直领域的精耕细作与横向多领域交织交融并行，呈现出行业生态圈的“中心化”和大的网络生态系统的“去中心化”的发展模式。一方面行业资源相对集中到一些“巨头”企业中，形成行业生态系统的“中心”，尤其是不同的媒体平台和社交网络平台背后都有这些企业的身影；另一方面，不同的垂直领域在网络生态中错位发展，并在数据、渠道等方面形成资源的开放和共享，边界化逐渐模糊。

阿里巴巴、腾讯、京东、美团、大众点评、滴滴等快速成长为行业内的“独角兽”企业，与其平台模式的运作有着密切关系。平台思维是它们异军突起的法宝。2014 年 9 月，阿里巴巴在纽约证券交易所敲钟上市，成为仅次于谷歌的第二大互联网公司。以 B2B 平台起家的阿里巴巴，一开始就通过建立直接连接商家和消费者的平台理念凝聚起第一波用户。阿里巴巴的发展路径就是通过专注于电子商务行业及其配套服务，铺设不同的电子商务平台来实现引爆式发展，从线上出售商品扩大到线下生活服务，涵盖支付、信用、物流、金融、渠道、制造等多个领域。同时阿里巴巴又在媒体领域进行布局，从 2009 年开始先后布局了新浪微博，入股优酷、雪球、小红书，并与新华网联合成立了科技公司，同时它还是爱奇艺、梨视频、快手、B 站等受青年人欢迎的媒体平台重要的投资人。在科技媒体领域它也投资了 36 氪、虎嗅、猎云网等重要平台，形成了涵盖众多垂直领域的传媒生态布局。

※ 服务互联网化的机遇与挑战

用户的流量和黏性是网络生态环境下平台赖以生存的基础，应该如何留住用户、提升活跃度？简单来说，就是给用户提供想要的服务。比如 O2O

模式就是将线上和线下服务打通，实现了服务的互联网化。“平台最重要的还是本身的平台用户量，以及你的平台对其他服务的转换能力，大众点评认为自己是目前唯一一家在本地生活领域可以提供相对全方位连接服务的公司”，大众点评的创始人张涛这样认为。事实上，大众点评作为一家定位于本地生活领域的互联网公司，通过本地生活生态链的打造，可为用户提供全方位连接服务，从而很好地引领企业发展。

“有问题，就会有答案。”成立于 2010 年的知乎，是目前国内最大的知识问答式在线社区。网民通过简单的注册就可以使用这一问答式平台，并通过“问题—答案”的交往互动模式，实现便捷地与世界分享知识、经验和见解的目的。知乎也通过最初的知识服务实现了自身的快速发展，与用户在一“问”一“答”之间，建立起一种交互性的社交关系。2021 年第 1 季度财报数据显示，知乎月活用户达到 8500 万人。经过十年发展，眼下的知乎已经从一个小众的知识问答社区，变为一个综合性的在线内容分享社区。这也得益于知识服务的理念。

当然，信息传播的无边界、高密度、网格式等特点对互联网的内容治理提出了诸多挑战。少数平台剑走偏锋，不惜突破底线来吸引眼球博得关注，泛娱乐化、低俗化、虚假信息、垃圾信息等也不同程度地出现在网络生态中，网络空间治理已经提升到国家战略的层面加以推进。

※ 头部用户是核心竞争力

互联网思维的核心是用户思维。网络生态下产生了新的媒介生态，传统的单向输入已经演变成媒介和用户的双向互动，媒介内容的生产方式和传播方式等都在进行重构。用户既是信息的接收者，也是信息的提供者，从简单交互，到交流交锋，再到深度参与，部分媒介如微博、B 站、抖音、快手等，用户提供内容已经占据平台的主流。

头部效应是网络生态中的独有现象。最大限度地凝聚头部用户，利用他们的影响力来带动网络传播生态，往往能达到事半功倍的效果。通过大数据分析不断挖掘这类用户的喜好，解决用户的痛点问题，满足用户的需求，明确产品的定位和分发群体，做到有针对性地提供服务，是体现用户思维，吸引头部用户的有效方法。在第二章，我们已经分析过高校新媒体的头部用户及其特点。

新媒体是网络生态的重要组成部分，只有将高校新媒体置身于整个网络生态中去考量，才能更加明确自身定位和发展愿景，高校新媒体工作者应该主动走出象牙塔，寻求更加深入的合作交流，实现平台、数据、渠道、流量、内容等资源的互联互通，以获得更大的发展空间。

2 新媒体生态与数据

· 数据成为新媒体生态的核心要素
· 大数据赋能新媒体影响力提升

网络生态在新技术、新应用、新需求的催生下，不断充实和完善，形成了一个涵盖政务服务、社会经济、生产生活、教育教学等多行业、多领域的生态系统，促进了各行各业的数字化转型。媒介生态也深度融入数字经济的浪潮中，大数据已成为媒介生态的内生驱动力，在提升媒体影响力方面发挥着越来越重要的作用。

※ 拥抱数据是媒体实现高质量发展的必由之路

数据与媒介生态的发展相生相伴，网络技术及大数据为媒介生态的发展提供了硬件支撑和数据服务。一方面，媒介生态所需的网络基础设施建设、5G 网络、云计算、人工智能等无一不与数据发生着关联。尤其是近年来，随着移动互联和物联网等技术、应用的推陈出新，数据的获取、聚集、存储、传输、处理、分析等越来越便捷，应用也越来越广泛。另一方面，媒介意味着资讯和信息的交互，其触角已延伸至社会的方方面面，“终端随人走、信息围人转”已成为信息传播的新趋势。小到我们每天的生活起居，大到国家层面甚至人类社会的大事要事，都通过媒介生态紧密联系在一起。在大数据时代，我们的一举一动都有可能被转化为二进制的数据存储在某个数据空间里：我们每天浏览了哪些资讯、查询过哪些信息、地图导航去过哪些地方、网上订餐时偏好的餐厅及美食、每天的运动时长等。我们在媒介生态中进行信息日常交互的同时，也产生了海量的蕴藏着巨大潜在价值的数据，这是媒介生态发展的重要基础和资源。

数据也会“讲故事”。数据除了产生基础数据资源外，本身也是媒介宣传的重要内容，对数据进行抓取筛选、分析处理、可视化加工、用图表或者长图抑或是视频的形式来传播新闻，是新媒体传播的有效方式。新华网在2012 年就启动了数据新闻项目，开设了“数问民生”“数据观”“数视频”等栏目。2019 年新华网发布的“一图读懂数字政府”，将大数据驱动下的政务新趋势、新平台和新渠道进行形象化解读。

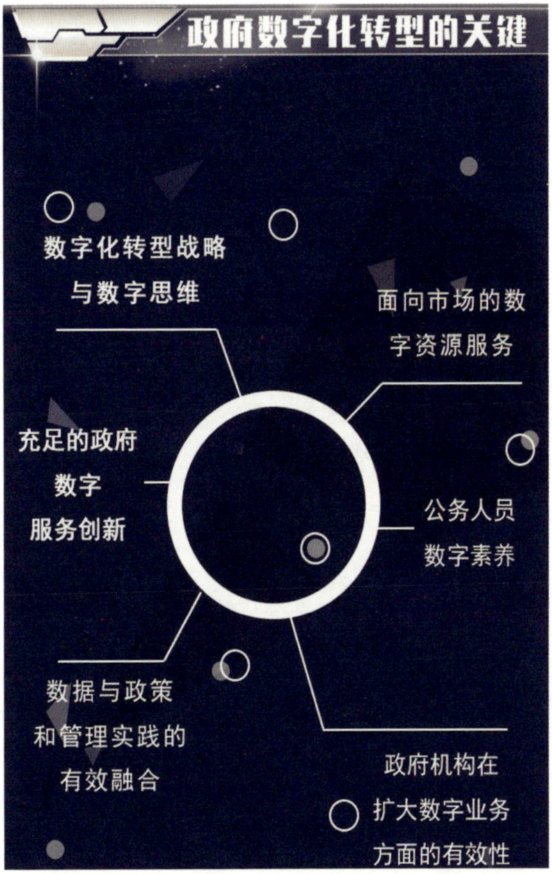

图 3-1
新华网推出
一图读懂数字政府

2020年约翰霍普金斯大学的新冠疫情数据地图是由一位年轻的导师带领她的博士生开展的研究项目，而且这两位博士生杜鸿儒和董恩盛根据公开的媒体报道进行了实时数据抓取，并以“交互式仪表盘”这样一种可视化的方式来呈现。今天，这个新冠疫情地图已经成为世界最重要的疫情权威数据平台，也让世界更多地了解了这所大学。因此数据通过重新的整合、加工、展示，能够成为塑造影响力的重要资源。

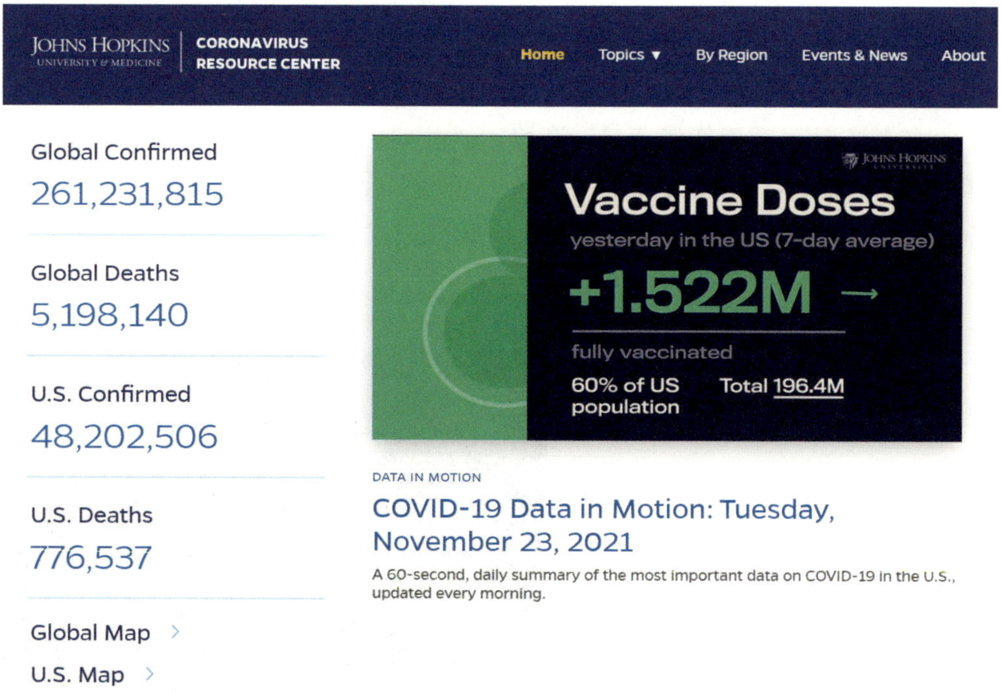

图 3-2　约翰霍普金斯大学“疫情地图”

数据也让媒介传播实现了“量身定制”。“量身定制”好像很难与媒介生态产生什么关联，事实上，在大数据、云计算和人工智能等技术手段驱动下，数据已经逐渐走到了媒介生态的中央，扮演着分析、研判、指挥、调度资讯流向的角色。“量身定制”的前提是大数据精准画像。你会发现，网易云音乐比我更知道我喜欢哪些歌，淘宝总能猜出我喜欢什么东西，美团外卖似乎知道我喜欢的美食，支付宝比我更知道我的钱花哪去了，微信运动知道我每天走了多远……总而言之，大数据可能比我们更了解自己，对用户特征进行多维度聚合分析，会让原本冰冷冷的数据演绎成栩栩如生的用户形象。

在充分了解用户的基础上，基于大数据的个性化推荐在一定程度上决定了议程设置、产品内容开发以及分发流向等问题，正在重塑着新媒体传播的内容生态和舆论传播格局。这其中最典型的就是今日头条。“你关心的，才是头条。”创立于2012年的“今日头条”是国内最早一批将个性化推荐引擎技术应用在移动互联场景中的产品。它最核心的优势就是通过大数据精准分析用户的地区、性别、年龄、爱好、习惯和当前他（她）最关心的东西。用户只要登录今日头条客户端，系统就会一直进行“你是谁？你要什么？”的计算。“用得越多越懂你。”正是通过不断挖掘用户的潜在需求、分析用户的上网行为，今日头条实现了将用户感兴趣的内容进行精准推送。当然，这后续也产生了“信息茧房”的衍生话题，今日头条也相应作出了一些战略调整，从两度改版首屏标语可见一斑。2018年，今日头条提出“信息创造价值”，替换掉了曾经的“你关心的，才是头条”；2020年改成“看见更大的世界”，意味着打破信息茧房，看见更大的世界，这可能也意味着推荐算法将迎来一次较大动作的调整。

※ 数据意味着链接和未来

国家广播电视总局发展研究中心发布《中国未来媒体研究报告（2018）》蓝皮书。总局发展研究中心主任祝燕南在2018年网络视听数据论坛上分析说：“随着新一代信息技术进步和媒体融合进程的不断深化，未来媒体时代正在到来。”那么，未来的媒体生态会是什么样子呢？数据在其中又扮演着什么样的角色？数据本身有着较强的对接和转换能力，表面上看起来单调、枯燥的海量数据一旦被挖掘筛选、分析运用，打破信息壁垒，实现融合共享，就能转换为我们所需的媒介资源及服务。数据在未来媒体发展中既是引擎和驱动，也意味着连接和方向。

“互联网+”“大数据+”“智能化+”是当今时代发展的趋势和潮流。正是在这样的时代背景下，数据带给媒介生态的，绝不仅仅是一个技术或者工具，它既连接着过去、现在和未来，也带给媒体融合转型涅槃重生的重要历史机遇。人民日报社“中央厨房”曾被称为媒体融合的“样板间”，成为国家大数据战略背景下媒体融合的“龙头工程”。2017年全国两会期间，“中央厨房”机制全面运行，建立采编联动平台，统筹各方采访、编辑和技术力量，“报、网、端、微”一体联动，建立移动优先、PC做全、纸媒做深、多次生成、多元传播的策采编发新流程。除中央级媒体外，大数据在地方融媒体工程中的应用也越来越成熟，如天津“津云”中央厨房、浙江日报报业集团“媒立方”等全国多家代表性媒体纷纷借助大数据，走上了转型之路，并形成各自的发展特色。

面向未来，万物互联，万物皆媒，以数据计算学习为基础的人工智能或成为颠覆媒介产业的“神器”。过去，媒体以人为主导，但是随着大数据和人工智能技术的发展，机器及各种智能的机器人都有可能媒体化。媒体主编带领“AI 主播”编辑生产高质量内容，已经不仅仅存在于想象中。2019 年 3 月，新华社联合搜狗公司在京发布全新升级的站立式 AI 合成主播，全球首个 AI 合成女主播正式上岗。作为新华社的新员工，AI 合成主播上线后立即投入新闻报道中并实现量产。这是继 2018 年双方联合发布全球首个合成新闻主播以来，人工智能与新闻采编深度融合的最新突破性成果。

※“出圈”与“跨界”是高校新媒体发展的必然选择

当前，数据已经成为媒介生态的核心要素，多维聚合、精准画像、智能算法和个性化推荐等，大数据助力新媒体“倾听”用户需求，“对接”用户需求，“预见”未来发展，提供了越来越精准的媒介服务。在大数据战略中顺势而为，是媒体实现高质量发展的必由之路。高校新媒体身处“象牙塔”中，虽说经过近些年的发展，新媒体建设理念有了很大的改观，但是高校的圈层属性仍然明显。在数据经济的浪潮中，高校新媒体是逐浪而行，还是弃浪而去，答案是显而易见的。面对互联网的挑战和机遇，高校理应主动作为、破除圈层、寻求跨界合作，借力大数据赋能媒体建设，这是高校新媒体得以长足发展、扩大影响力的必然选择。

3 新媒体平台争夺的焦点

·新媒体平台争夺的焦点
·如何打造优质内容

如前文所述，“出圈”和“跨界”是新时代高校新媒体的必然选择，一头扎进媒体变革的浪潮中，紧跟、融入行业的发展并能彰显高校的风骨与个性，并非易事，高校新媒体平台管理运营者既要有战略思维，也要有焦点意识，能从众多影响因素中抓住最关键的和最核心的，从而达到四两拨千斤的传播效果。

目前高校新媒体平台竞争的焦点主要集中在用户和用户时长的争夺、优质内容的打造、用户习惯的培养等。

※ 用户和用户时长的争夺

不管是中国三大互联网公司（百度、阿里巴巴、腾讯），还是互联网企业中的“独角兽”，都面临用户时长的争夺战，用户用时间投票正是衡量现阶段互联网企业价值的最佳筹码，高校也同样如此。那么，如何留住用户并延展用户停留时长？首先要做的就是分析用户。高校新媒体的用户是谁，答案显而易见，主要的目标人群是高校的师生校友，当然也包括关注高校的社会人群。这些年高校新媒体用户的外延也不断扩大，比如厦大校园参观、武大“樱花节”、天大“海棠季”等，均吸引了众多游客通过新媒体平台预约的形式加入“粉丝”行列。

值得注意的是，高校新媒体的用户近些年来有低龄化的趋势。共青团中央维护青少年权益部和中国互联网络信息中心于2021年7月联合发布的《2020年全国未成年人互联网使用情况研究报告》显示，2019年，我国未成年网民规模为1.83亿，未成年人互联网普及率达到94.9%，未成年人网民中使用手机上网的比例为92.2%。无论是从网民年龄结构还是从未成年人的网民规模来看，中国网络用户低龄化的发展趋势已是不争的事实。潜在的生源和低龄人群也成为高校新媒体用户的重要群体，成为影响力塑造的关键要素。

用户获取是整个传播链的第一步，从用户获取、用户激活、用户留存、获得收益到最后的推荐传播，形成了一个完整的新媒体传播链条。因此在高校新媒体运营的初期，如何“增粉”是高校新媒体运营者思考的“头等大事”。这里首先需要引入的就是本章第二节提到的数据思维。运用大数据对用户进行“画像分析”，了解用户偏好和习惯，有针对性地调整新媒体运营战略，是“增粉”的有效途径。但是随着用户增长战略的不断成熟，尤其当新用户增长出现“天花板”效应的时候，用户黏性和用户时长的争夺显得更为重要。事实上，很多专业媒体已经将用户获取和用户留存同步进行，专门组建团队研究如何留住用户。比如，《纽约时报》的用户留存工作从订阅用户注册的那一天就开始了，他们将在新用户注册后的90天内向新用户发送邮件，介绍时报所有的报道和产品，并且在网站上设计专门面向新用户的功能，通过各种服务来留住用户。回归到高校新媒体运营，“全力增粉”“花式宠粉”“实力留粉”应当成为运营者关注的焦点。

※ 优质内容的打造

“内容为王”放在任何时候都不会过时。即便是新媒体、新技术蓬勃发展的今天，传统媒体仍凭借专业、权威、深度、优质的内容在传媒领域占据着不可撼动的位置。传播渠道、传播形态、传播方式可能发生深刻变革，比如我们所说的传统媒体和新兴媒体融合发展，产生新的媒介生态，但是传播内容从本质上说从未改变，用户对优质传播内容的需求也从未改变，传播渠道多样化和平台分发多元化，最终的指向还是承载优质内容。优质内容仍然是新媒体平台的核心竞争力所在。

垂直领域深耕细作。“内容为王”首先要做的就是精准定位，高校新媒体不同于社会媒体，其最明显的特质就是置身于“高教圈”，紧盯高等教育垂直领域，发挥高校核心优势，持续地输出精品力作，是提升高校新媒体影响力的立身之本。有态度、有温度、有情怀、有热度的新媒体产品，不仅可以增进师生校友对学校的归属感和认同感，增强师生校友共建美好校园的共识，同时会提高学校的知名度和美誉度。近些年，很多高校聚焦校园生活，用鲜活的新媒体语言讲好讲活了校园故事，在弘扬主旋律、传播正能量方面发挥了重要作用。尤其是在重要时间节点，比如“招生季”“迎新季”“毕业季”“校庆日”等，推出了很多“爆款产品”，引发社会公众的广泛关注。

用户差异化运营。在多元传播环境下，受众呈现出分众化、碎片化的特征，不同年龄、不同地域、不同教育背景的用户对媒介形式和内容都有着不同的选择和喜好。比如，在校师生更关注当下的校园资讯、校友更关注学校建设成就、社会考生更关注学科发展和报考信息等。针对不同群体，以差异化、分众化的新媒体产品服务来满足用户需求，通过不同内容的传播、不同介质的推送、不同渠道的分发，使新媒体传播更立体、更有效、更鲜活，每个高校都应该根据自身的特点和文化属性，打造属于自己的媒体生态和媒体品味。

全媒体形态优质内容打造。某一新闻事件，制作成全媒体产品并进行矩阵化传播，将优质的内容连点成线，连线成面，增加关注度，是目前高校新媒体重要的运营策略。这好比一则新闻事件，往往以视频产品方式在新闻事件现场进行直播；在文字作品见报前，以图片、梗概简介等产品形式在网站、微博、微信上传播；在报刊上会以深度报道的形式对事件的来龙去脉进行解读。这里值得关注的是可视化优质内容的产出。随着短视频在新媒体生态圈的异军突起，优质的短视频产品已经成为高校新媒体争夺的又一焦点。如武汉大学在125周年校庆期间推出的《珞珈新画》，用8分钟水墨光影展示了武大波澜起伏的历史，引发众多校友对青春的怀念、对母校的感恩和祝福，获得10万+的阅读量。

※ 用户习惯的培养

新媒体运营与用户习惯之前的关系其实有两个考量维度。一是用户固有网络行为习惯，比如浏览时间段、浏览类型喜好、浏览频次、评论和转发等。我们可以通过问卷调研或者大数据分析的方法，获得有关用户固有行为习惯的信息，并加以分析研究，建立用户使用习惯数据库。在新媒体产品内容的选取、图文或者视频类传播形式的确定、投放时段的选择等方面进行优化，主动去适应或者配合用户的使用习惯，增强用户黏性，提升平台影响力。

二是主动培养用户的使用习惯，利用高品质的网络文化产品或者服务，引导用户适应新媒体平台的运营模式，潜移默化地培养用户习惯。一个非常直观的例子就是移动互联带来的民众购物习惯的颠覆。便捷的网络购物体验及其延伸的贴心的购物保障和服务，成功地将人们的购物行为从线下搬到了线上。但这还远远不够。当我们在京东搜索一本书时，京东就会推送相关书籍，如果再回到首页，立刻会发现首页下面的推荐似曾相识，甚至不止是京东，还会影响淘宝或是其他购物应用的推送，这些应用会根据用户的长期购买习惯推荐风格相似的其他物品。这就是大数据时代对于用户的精准投放。很多时候我们会被打上“标签”，我们也会伴随着这些“标签”被动地接受某种设定，继而产生一些新的网络习惯或行为。再比如，百度启动了“搜索+信息流”的双引擎模式，借助搜索引擎平台，培养用户“主动搜索关键词+被动浏览信息”的习惯。所以，高校在新媒体运营过程中，也要巧妙地利用好用户习惯，根据用户偏好及时进行运营战略的调整，同时运用大数据、云计算等网络技术培养用户习惯，双管齐下、双向发力，必然会达到“1+1>2”的传播效果。

小结与经验

近年来，移动互联和媒体转型风起云涌，传统意义上的媒介边界不复存在。高校新媒体是网络生态圈的重要组成部分，高校理应以更加开放包容的姿态来拥抱网络生态大环境，主动顺应网络新媒体发展大势，既要打造好自身的数据资源，让数据能够助力精准传播塑造更好的学术声誉，同时也应该拓展自己的“朋友圈”，携手社会媒体互融互通，积极运用大数据、云计算等新技术赋能新媒体运营，充分激发高校新媒体的潜能和活力，共同塑造新的高校品牌价值。

新媒体
重塑高校
影响力

第四章
如何选好编辑利器

新媒体的编辑工具就像制作传播产品大餐的“烹饪工具”，当我们面对详尽的新闻素材时，就像取得了一批优质食材，固然有先进科学的制作思路，也需要充分了解和熟练使用不同的工具软件，才能制作出“色香味”俱佳的作品。所以，掌握新媒体的编辑工具，是我们做好新媒体工作的重要前提条件。

1 微信编辑工具的特色功能

·新媒体编辑工具的功能特点
·编辑工具的新功能

微信自带编辑工具在微信内容制作过程中具有不可替代的重要作用。我们在运营中习惯称微信自带编辑工具为微信编辑后台，在编辑图文内容时，微信编辑后台虽然不如其他编辑平台便捷多样，但有部分功能使用自带编辑工具更加稳定。

※ 微信基础排版功能

微信自带编辑工具与Microsoft Word的界面布局和功能按钮十分相似。在编辑框内有表示编辑位置的闪动光标；在文字处理方面有加粗、斜体、下画线、字体颜色、删除线、格式刷、清除格式等功能；在段落处理方面有左对齐、居中对齐、右对齐、两端对齐、首行缩进等功能；在内容间距处理方面，有两端缩进、段前距、段后距、行间距等功能；对于操作步骤有撤销和恢复功能。以上描述的是常用功能，运用这些功能就可完成基础排版。

※ 多媒体素材在文中的插入

视频分为两种插入形式。一是“素材库”引用，将视频文件直接上传到微信视频素材库中，这种方式是微信平台比较推荐的，可以为微信平台中其他视频功能的运用做好准备，例如推送单发视频、在其他单发视频中作为相关视频在文末显示。二是“视频链接”引用，这种方式是在我们没有视频源文件时考虑使用的。视频链接支持三种来源。首先是微信公众号文章链接，当你想使用某一篇微信推送中的视频时，可将这条推送的链接直接复制到“视频 / 图文网址”框中，系统会自动提取出其中的视频，并显示在下方供选择。其次是视频详情页链接，可将单独发送视频的推送链接复制到“视频 / 图文网址”框中，也会自动提取出其中的视频。最后是腾讯视频链接，可将腾讯视频链接复制到“视频 / 图文网址”框中，即可在内容中插入此视频。

以上加入视频的方式最稳妥的为“素材库”引用，因为是保存在账号的素材库中。而视频链接引用的三种方式中，视频都是在其他账号后台中储存，如果其他平台对视频有删除操作，相应的引用视频也会被删除，造成推送事故。目前微信推文中可加入视频的数量上限是 10 个，未来也可能会有调整。

音频文件有两种方式插入到文中。一是将音频文件上传到素材库中，这样可上传自定义的音频文件，每则推文中可按此方式加入音频的数量上限是 10 个。二是直接在音乐类别中搜索歌手和歌名，对应的搜索库是 QQ 音乐，

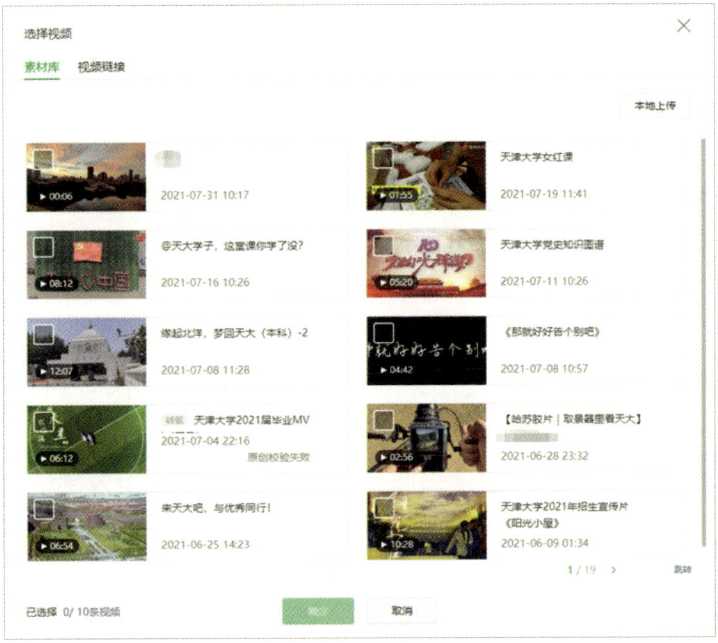

图 4-1
微信编辑后台插入视频

图 4-2
微信编辑后台插入音频

每则推文中可按此方法加入音乐的数量无上限。

※ 多种新功能在编辑中的使用

超链接。可以对图片和文字添加超链接，从而跳转到本微信或其他微信推送的往期文章。比如在图文中谈及某一期推送的内容时，通过超链接跳转查看，是一个不错的选择。还有在每期推文结尾运用图文超链接对往期内容进行回顾，也是近年来很多账号的常见操作。

小程序。服务类图文推送时直接嵌入小程序，可以使用户的体验更加便捷，在微信编辑后台有文字、图片、小程序卡片、小程序码等可供选择。

投票。微信自带的投票功能也十分好用，在高校新媒体内容运营过程中，偶尔运用投票功能是增强用户黏度，提高传播效率的方法之一。点击“新建投票”按钮，可以设置投票截止时间、填写标题、确定选择方式是单选还是多选、选项是图片还是文字等，以设计适合自身的投票活动。在活动结束后可以导出数据进行分析。微信投票功能如图 4-3 所示。

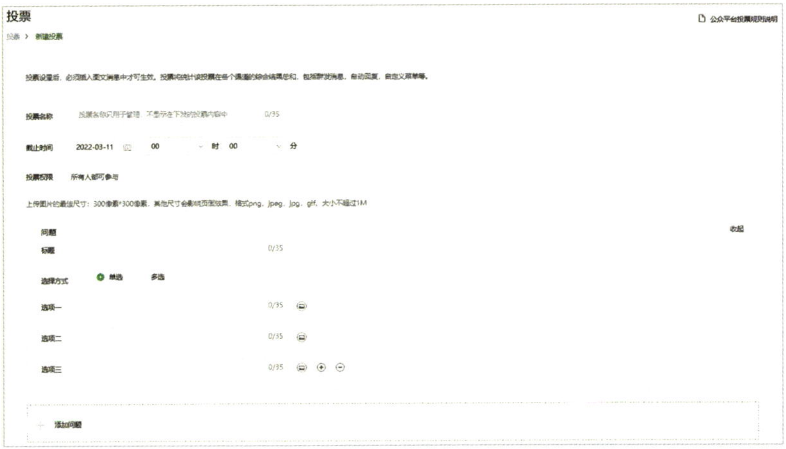

图 4-3
微信投票功能

红包封面。这项功能在 2021 年春节的高校运营中十分火爆，《中国青年报》公众号还对推出了红包封面的高校进行了盘点投票——“你最喜欢哪一款高校红包封面”。在图文推送中加入红包封面前，需要先设计红包封面图。各个高校封面图都巧妙地结合了自身文化元素特点，同时兼具春节喜庆氛围。在红包封面图设计好后，需要登录红包平台进行红包封面作品上传审核。因为上传和审核步骤需要一定的时间，所以需要提前留出足够的时间，以便在遇到退稿修改和材料补充的情况时也能准时发出。红包封面审核通过后可以设置红包打开效果，比如显示文字、显示红包封面范围、上传单位 logo、添加“封面故事”等。封面拥有“故事”功能，在用户打开红包后，设置点击下拉按钮，可以显示公众号或视频号入口，点击文字可直接跳转进入，这样便实现了利用红包功能为公众号和视频号“增粉”的目的。设置微信红包封面如图 4-4 所示。

图 4-4　设置微信红包封面

在发放红包封面前还需要先购买一定数量红包封面，一元可以发放一人次，再在推送中加入红包封面领取方式。领取方式目前也是十分多样的，基本满足了设计不同微信活动的领取需要。发放方式分为二维码、领取序列号、领取链接三种。领取方式分为一人领取和多人领取两种：比如有十份红包封面，发放方式选择“领取链接”，“一人领取方式”会生成十条领取链接，一条链接对应一份封面；“多人领取方式”会生成一条领取链接，十人均可打开这条链接领取。红包发放方式设置如图 4-5 所示。

图 4-5
红包发放方式设置

视频号。视频号中的视频也可以在图文推文中插入，或许这也是微信公司面对短视频应用冲击而采取的举措。

视频号中的视频在推送中的呈现样式，较前文提到的视频插入方式，在视觉上有较大区别。一是在视频点开前，源于视频号的视频会明显看出是某某视频号的内容；以插入方式加载的视频只能看到视频封面和播放按钮，并不能看出视频来源。二是播放过程中，在播放视频号视频时会进入到视频号界面；而以插入方式加载的视频会在推送中直接播放，在全屏播放后才能查看到视频来源。微信中插入视频等内容如图 4-6 所示。

图 4-6
微信中插入视频号内容

公众号。在编辑界面的功能按钮中，有“公众号”按钮，点击后可在文章内展示公众号名片，入口样式会显示账号名称、账号简介，点击进入公众号内容列表，可进行公众号关注操作。这也为内容设计提供了更多可能。例如在文中推荐公众号，或者在文末放置公众号名片，见图 4-7，用来引导粉丝关注。

微信编辑后台界面经常会有新的变化，有很多新功能在不断加入，这些功能之间也有互相的关联。例如微信红包功能，在红包封面设置中可将公众号、视频号加入到封面中，使得用户在使用红包时也进行了账号推广。例如

图 4-7
添加公众号名片增加流量

视频号功能，可以通过推文进入视频号浏览，达到互通的效果。

※ 推文发出前的细节完善

在微信运营过程中，优质的内容一直是运营团队的不懈追求，而排版准确无误更是推送的基础。网络中第三方编辑平台层出不穷、各有长短，不论运营团队使用何种平台编辑，最终都需要将内容导入微信编辑后台进行调整发送，在微信发送前需要调整哪些细节呢？

在编辑界面的最上方输入文章标题、作者名称，中间编辑框内涉及字体大小、对齐方式、是否首行缩进、行间距调整等，编辑框以下是封面和摘要、原创声明、原文链接、留言、话题标签等，以上内容都需要逐一查看是否准确。

推送的内容应进行三审三校。微信预览百分百模拟了发出后的样式，所以重视预览修改是避免出现各种错误的有效方法。有时会遇到编辑界面查看完全无误，但在手机端查看预览时出现版式错位、文字折行混乱等问题。

以上这些细节都调整好后，还有一点容易被忽略，就是封面图片的选择，不仅要贴合推送内容的主题，其色彩搭配还要能够引起读者的关注，尤其分享后在朋友圈中呈现的缩略小图，如果让人眼前一亮就会有更高的打开率。虽然这些都是细节，但是决定传播效果的往往就是这些细节所体现出来的精巧设计。

2 第三方编辑平台的优点

·秀米编辑器特点
·135 编辑器特点

让公众号文章更加易于阅读，让读者感受友好，是编辑加工的最终目的。在内容创作的流程中，排版是最后的一步，往往被认为是个可有可无的步骤。有些时候为了突出部分重点内容，会特意加粗或放大部分文字；有些时候为了让一篇长文读起来不那么乏味，会将长文梳理出几个小节，用序号或者小标题为读者“导航”阅读。由此可见，排版设计并不只是给某些内容加些样式，而是通过梳理图文内容的逻辑和结构，找到合适的呈现方式。不同的编辑平台各有长处，下面介绍两个上线较早的编辑器。

※ 秀米编辑器

这款编辑工具有界面简洁、易上手的特点，协助编辑者梳理内容结构，让编辑者更好地去思考怎么向屏幕对面的读者更加清晰地展现内容的层次。为此，秀米编辑器所设计的图文排版系统，被称为结构化编辑。结构化的意思是，在图文编辑的过程中，文字、图片或者是系统提供的模板，都可以看成是像积木一样的结构，每个结构都可以单独编辑，同时也可以进行复制、粘贴、调换位置等各项操作。

流式页面设计。这种页面没有固定的页面宽度与高度，因此在流式页面上组件之间的位置是相对的。流式页面的高度取决于内容的高度，一个组件被删除了，后面的组件就会顶上来。在中间插入一个组件，后面的组件就会被挤下去。组件越多，页面在纵向上越长，流式页面的宽度取决于阅读终端的宽度。很多人常常困惑，自己明明排版的时候只有一行字，到手机预览的时候就变成两行了。实际上这是因为手机屏幕的宽度不够容纳这一行的字数，只能排到下一行去，如图 4-8 所示。

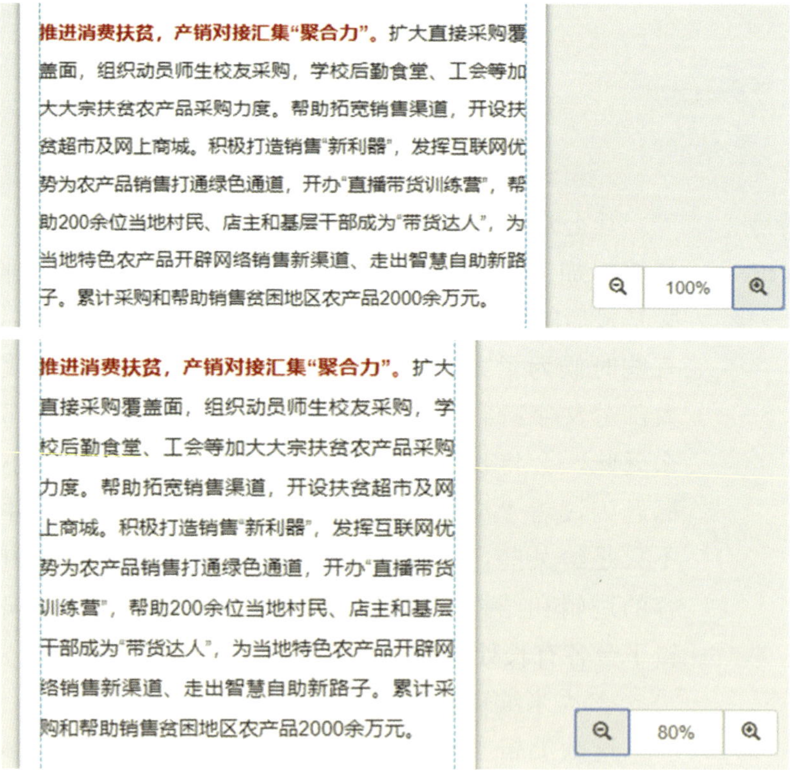

图 4-8　模拟不同宽度手机屏幕浏览的效果

不同的手机屏幕规格也不同，因此显示效果也无法做到完全一致。如果想要在编辑的过程中，感知文章在不同宽度屏幕上的显示效果，可以使用图文排版编辑界面右下角的编辑区域缩放工具来模拟。

秀米编辑器的团队功能，适合由多人组成一个编辑小组。团队里面制作的图文，可以很容易地采用统一的风格、样式，每个人也可以有不同的分工和权限。具体说有六个特点。一是多个人之间可以很方便地共享内容，一个人在团队里面保存了图文和H5，其他人就可以直接使用了，不必一个个发送给同事。二是团队可以拥有统一的图库和样刊，实现成员共享。三是可以设置团队成员的权限，保证团队内容的安全性。四是当发生人事变动的时候，团队可以进行交接，移交给新的负责人。五是团队负责人可以把微信公众号权限细化，分配给团队成员，不需要再进行额外的授权流程。六是如有去除秀米图文广告的需求，团队可以统一购买流量包，成员使用流量包可以方便地去除广告。

具有创意的编辑模板。秀米编辑器的“点亮图片”功能，在模板库中检索关键词“点亮”就可找到。具体操作过程如下：准备好同一张图片的黑白和彩色两组文件，分别上传到秀米编辑器后台；点击编辑框右侧的第一个图标进入“深度布局”模式，此时整个模板显示成有“框”的形式；直接点击模板中的图片，将图片换成准备好的黑白图片；之后点击模板边缘“粗线框”的位置，点击“动画”，切换成“图片”，点击下方显示的黑色图片，将其切换成彩色图片；最后还是停留在当前这个“动画页面”，滑动到下方，将“淡出”改成“淡入”即可。至此，一张图片“点亮”的效果就做好了，这种效果一般出组图效果更佳，可点击二维码查看样例。

图 4-9　点亮图片功能及应用展示二维码

※135 编辑器

这是一款无须下载、打开即用的在线图文排版编辑工具，在 2014 年就已上线。135 编辑器主要应用于微信文章、企业网站（企业可个性化定制）、邮箱等多种平台图文素材的排版。免费注册后可使用平台提供的样式和文章模板素材进行图文排版，网站素材种类众多，包括多种类型、多种风格，涉及多种行业和各类节日，网站素材总数超过 10 万。近年来，135 编辑器还推出了系列新功能，包括一键排版、全文配色、公众号管理、微信变量回复、48 小时群发、定时群发、云端草稿、文本校对等 40 多项功能与服务，部分功能需付费使用。

135 编辑器可通过修改排版代码调整效果，并且有些特有模板，例如长图渐进显示，在 135 编辑器内搜索样式“卷轴”，即可收藏使用。卷轴内要求放置图片大小不得超过 10 MB，如果单张图片过大，需要裁切成多张图进行上传。将菜单更换成“专业版”，点击“更多功能”→“换专业版”即可将样式菜单更换成专业版菜单。如果默认情况就是专业版菜单，则无须变更。在调整 SVG 样式时，需要使用专业版菜单才能编辑。

图 4-10　卷轴效果及应用展示二维码

单击“样式”，在弹出的菜单栏上，点击“动画”，在SVG动画设置里，可以点击“图片上传”将样式内图片素材进行替换。卷轴顶部和卷轴底部都是一开始就展现在读者面前的。中间部分是点击后才会缓缓展开的。在调整样式时，支持替换卷轴顶部、中部、底部。上传图片时默认使用“自由模式”进行上传。将模板中的图片一一替换掉，就完成了样式的调整。

3 图片与视频编辑工具

·如何制作适合新媒体传播的图片
·新媒体视频剪辑新利器微博云剪

在微信推文中，图片素材的重要性仅次于文字，比如说每一条推文都需要封面图片。这就涉及图片的编辑制作问题。新媒体运营尤其看重速度和效率，可以从适合的角度出发选择不同的工具来进行操作。经典图片工具 Photoshop（PS）基本上家喻户晓，高校新媒体运营团队的学生或多或少也会使用。这也产生了新的问题，就是处理图片时“杀鸡用牛刀”，而且大部分人对于“牛刀”的使用还不是很熟，这就大大降低了微信内容生产效率，因图片不到位导致排版工作无法启动。所以清晰地明白推文中需要的图片类型、尺寸，从而选择适合的软件就显得尤为重要。

下面列举几种常见的图片使用场景。

第一种情况，收到了超大的图片文件，造成了传输不便和超过微信上传限制等问题，这时的核心诉求是压缩图片文件大小，使用微信电脑端截图功能可以快速实现。首先新建图片文件夹，其次将超大图片按顺序打开，最后用微信截图功能依次截图命名保存，这样就获得了一组适用于微信排版的图片文件。例如推送风景图集时，收到的图片文件一般都很大，可用微信截图功能压缩图片大小，但这一过程会使图片的清晰度降低，见图 4-11。

图 4-11　压缩图片效果

第二种情况，在高校新媒体运营中美食、美景是经常涉及的题材，而图片又是最简单有效的呈现方式。合理运用美图秀秀、奶油相机等手机拍照APP，通过其中的风景滤镜、美食滤镜即可获得具有质感的图片文件，同时还完成了拍照与后期调图工作，直接通过手机传递文件用于排版，大大提高效率。如图 4-12 右侧二维码展示的推送，其中部分图片即使用美食滤镜拍摄。

图 4-12　手机软件滤镜效果及应用展示二维码

第三种情况，目前手机拍摄的图片普遍可以满足微信推送图片的需要，所以利用手机拍摄图片，然后通过手机自带编辑工具调整角度、尺寸、色调都是高效获取图片文件的好方法。

第四种情况，制作文字插图和数据列表时，可先利用 PPT 将相应的文字插图和数据列表制作好，并单独保存为图片或者微信截图。

第五种情况，复杂插图设计。AI、PS 等专业图片设计软件在制作复杂插图时是必不可少的。以下两种情况需要使用上述软件制作：一是微信排版时制作个性小标题，如图 4-13 中所示小标题为白底、横条图片，文字颜色的统一和纯白底色让图片与排版融为一体；二是大面积图片与排版模板结合，如图 4-14，将小标题、照片、文字等内容整体设计为一张图片，使得图片和

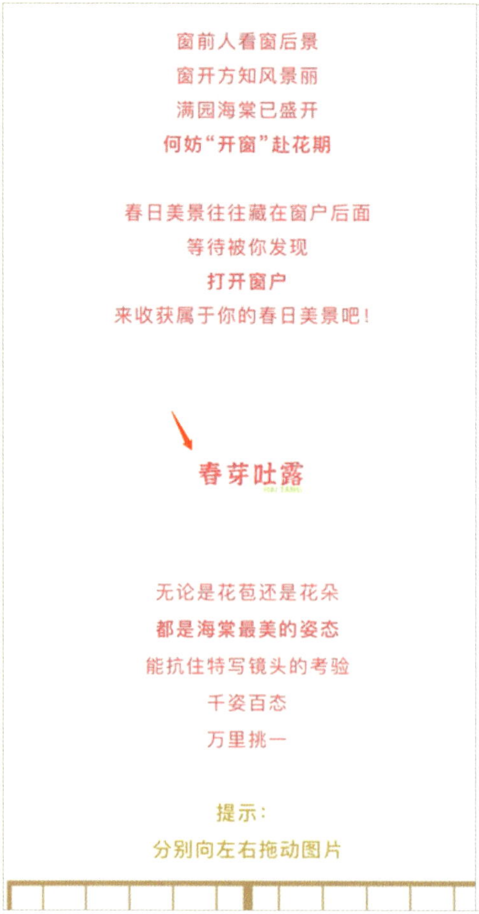

图 4-13 小标题图片示例

图 4-14 设计图片在排版中的应用

模板在视觉上成为整体。排版效果是一张做好的图片，类似于将“长图”的一部分和模板排在一起，这对图片设计者提出了更高的要求，需要同时兼顾内容逻辑与模板效果的视觉协调。

第六种情况，编辑网站自带图片编辑工具。有时图片已经经过后期处理，但是在排版过程中发现还是有不太满意的地方，而很多编辑平台是自带简单图片编辑功能的，例如裁剪、对比度、饱和度调整等功能，这时根据整体排版对图片进行最后的调整，将有效地提升微信内容质量。

图 4-15　编辑网站中的图片编辑功能

※ 视频剪辑工具：微博云剪

随着我国运营商提速降费工作的开展和 5G 技术覆盖范围的不断扩大，加上各种手机视频应用的创新，视频文件在新媒体运营中越来越常见，怎样高效地处理视频文件也变得日益重要起来。

处理视频文件和处理图片文件一样，明确对于最终使用文件的需求，从而选择最适合的软件进行制作，是高效完成工作的关键。下面列举几种常见的视频使用场景。

第一种，用于热点铺垫的简单视频，例如校内活动、热点新闻等内容，在文中加入一段小视频可以大大提升信息传递效果。这类视频使用手机视频软件剪辑合成，完全可以达到使用要求，像抖音、手机自带视频剪辑等都可以完成。

第二种，较复杂视频剪辑，可考虑使用微博云剪。微博云剪是集短视频快速生产、微博直播在线剪辑、版权素材交易、内容分发及多维度数据分析管理于一体的一站式在线服务平台，如图 4-16。微博云剪致力于打破传统媒体和“新媒体”的界限，全力促进媒体融合，推进专业媒体海量素材内容的有偿使用和二次传播，借助市场化的力量帮助媒体增大声量通道、增加收入来源。

图 4-16　微博云剪页面图片

微博云剪的特点主要有 5 个：一是支持媒资素材（用户个人上传、购买、生产、共享的视频）剪辑及微博直播剪辑；二是支持 15 分钟以上的视频在线剪辑和在线分发；三是字幕支持多种编辑选项——字体、颜色、对齐、动态模板等；四是支持音频剪辑功能，可以在多个视频片段内编辑多条音乐；五是在原有剪辑功能上，可以方便地编辑多个动静素材的时长和在视频中的相对位置。

第三种，剪辑较大视频文件时，可使用电脑软件处理，下面介绍三种较大视频处理软件。“狸窝视频转换器”是一款支持 mp4、qsv、qlv、kux、mov 等多种格式互转的软件，并且具有视频裁剪、视频合并、视频音频提取等视频处理功能，操作界面简单，基本不需要学习即可使用，并且视频生成十分迅速，可快速完成简单的视频制作。PR（Adobe Premiere）是视频编辑爱好者和专业人士必不可少的视频编辑工具。它可以提升创作能力和创作自由度，是易学、高效、精确的视频剪辑软件。PR 提供了采集、剪辑、调色、美化音频、字幕添加、输出、DVD 刻录等一整套流程，并和其他 Adobe 软件高效集成，足以应对在编辑、制作、工作流上遇到的所有挑战，满足创建高质量作品的要求。AE（Adobe After Effects）适用于从事设计和视频特技的机构，包括电视台、动画制作公司、个人后期制作工作室以及多媒体工作室。AE 软件可以帮助用户高效且精确地创建无数引人注目的动态图形，实现震撼人心的视觉效果。

小结与经验

本章从微信内容编辑谈起，梳理了微信自带的编辑工具的特点和优点。微信基础排版功能需要巧用，视频、音频的插入要熟用，超链接、小程序、投票、红包、视频号、公众号名片插入等层出不穷的新功能要早用。了解了各编辑平台的优点和特色工具后，用户应分别尝试一下才能知道自己更喜欢哪个平台的模式。如何根据图片和视频的具体情况选择编辑工具，是新媒体运营过程中平衡效率与产品需求的艺术。

PART 2 进阶篇

第五章
10 万 + 中的秘密

从本章开始，我们将关注点转向内容运营，无论平台如何变化，内容始终是运营的灵魂。10 万 + 重要吗？答案是肯定的。它不仅是一个数字，也代表了内容运营的水准，每一篇 10 万 + 推文的诞生都有共同的特点——言辞优雅、感情充沛、让人动容，让读者能够产生共情。

1 10 万 + 原来是这样诞生的

·10 万 + 的影响力
·10 万 + 的选题规律

高校新媒体的运营有时候就像一支轻骑兵，轻装上阵却能够出奇制胜。高校官方微信已经成为所有高校的标配。在前几年的运营中，10 万 + 的浏览量还是各高校遥不可及的目标，从 2014 年开始各个高校陆续打造了自己的第一篇 10 万 + 推文。时至今日，各高校每年 10 万 + 推文的数量以几十来计，比如清华大学 2020 年 10 万 + 推文数量超过 55 篇，北京大学、浙江大学、武汉大学等也表现不俗。浏览量由诸多因素决定，我们通过对不同因素的比较来分析高流量推文背后的规律和对高校影响力塑造的价值。

粉丝与流量之间的转化。高阅读量的微信推文要有粉丝基数作为保障，一个粉丝不超过 2 万的订阅号要获得 10 万 + 的推文是很困难的。经过长时间的运营，目前高校的微信关注人数已经普遍跨越了 10 万这个门槛，部分高校甚至达到了百万粉丝。按照目前粉丝与流量之间平均约 5% 的转化率，已有高校篇均阅读量达到了 5 万，部分高校虽然粉丝基数没有那么高，但转化率可达 12% 左右，所以依然能够保持较高的阅读量。

朋友圈分享与圈粉。在运营中我们发现微信朋友圈对流量的贡献仅次于通过订阅号直接打开，约占流量的 35%，而通过订阅号直接打开推文的约占 50%，如图 5-1 所示。然而 10 万 + 文章单从数据上来看却与大多数的文章不同，因为这个阅读量已经远超过粉丝直接通过订阅号打开带来的流量，而是依靠更多的分享与转发，通过朋友圈的用户阅读来实现的。因此 10 万 + 文章也是破圈利器，能够让优质内容突破已有的圈层进行传播，产生更广泛的社会影响，也能够赢得更多的人关注，每篇 10 万 + 文章都能带来 500~1000 的净增粉丝量。

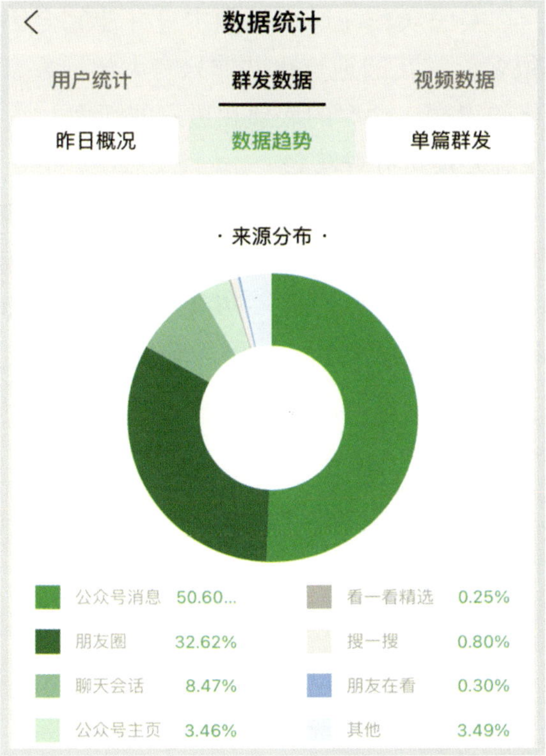

图 5-1　10 万 + 推文数据统计（30 天）

图 5-2　10 万 + 推文对流量的贡献

能够被广泛转发是微信运营追求的效果，但高校微信与社会媒体运营不同。社会媒体受众广泛，在运营中追求热点，无论在标题上还是内容上，甚至在推送方式和时间点的选择上，都更多地考虑了流量因素；而高校官方微信的受众相对固定，传播对象主要是在校师生、校友、学生家长、部分考生以及社会各类合作单位，因此在内容的选择上也更突出价值引领，主要展现了大学文化传承、优秀师生校友、科学理性思维和大学社会责任。这一点从10万+的文章中可见一斑，各高校10万+文章的产生也有规律可循，我们来一同探寻选题与时间点选择。

※ 学校特色文化活动

不知道从何时开始，赏花已经成为各个高校师生最关注的网络话题之一，很多市民甚至外地游客专程赶来赏花。不仅是天大海棠、武大樱花，还有中山大学的木棉、四川大学的荷花，一到花季，大家都“晒”繁花盛景。每年的花季预告、文化活动也成了社会关注的热门话题，网上预约赏花的推文就能刷爆朋友圈。第一朵花开，不仅预示着春天的到来，往往也是很多高校每年第一个10万+推文诞生的日子。其实民众关注这一话题本身并非完全因为花期将至，每个城市同类的花有很多，赏花的地点也并非只有大学，大家来到大学赏花更多的是感受那种文化的浸润、深厚的底蕴和迸发的活力。

案例1：武大樱花季持续火爆，浙大樱花另辟蹊径

每年三月都是樱花盛开的季节。武汉大学樱花季已经持续多年，每年都备受关注，樱花季也成了网络上的热词。2019年武大樱花季期间，和樱花有关的话题为武大贡献了9篇10万+推文（图5-3）。第一篇文章《听说，你等樱花很久了》公布了新的赏樱预约办法；随后又组织了樱花季新闻发布会，

图5-3
左图为樱花季新闻发布会
右图为樱花季长图（局部）

图 5-4
浙大与武大互动截图

制作赏樱攻略、樱花季长图推文和赏樱图片视频，从各个角度对这一活动进行全方位宣传；最后一篇推文《樱花已谢，来年再约》，消息简短，却仍然收获了 10 万 + 的阅读量。由此可以看出，樱花季的活动已经成为了很多人的一种情怀，对生活充满美好希冀，这也许就是大学传递的文化价值。

浙大校园中樱花绽放，不仅有“最浪漫的事情是和你在浙大一起赏樱”，还有和武大的甜蜜互动，一篇《当浙大遇上武大，我吃了樱花味的糖》冲破 10 万 +，通过图片分屏的方式，记录的不仅是校园爱情，也让所有人看到了自己曾拥有过的青春。（图 5-4）

※ 招生季立体宣传

招生季是高校 10 万 + 推文产生的第二个主要话题，各高校都在这个时间点投入大量资源和运营精力，好的宣传效果会助力招生，更可以综合展现学校实力。因此招生季话题和推送内容的运营，往往是多层次推进、多话题互动和多产品形态交织的。招生季主要的话题涉及录取分数线、专项招生计划、招生组动态、招生简章发布、招生宣传片和首份录取通知书寄出。这其中有两个主要的创意比拼：招生宣传片（微电影）和录取通知书的创意设计。

案例 2：高校招生季 10 万 + 话题

每年从五月中下旬一直到七月上旬是高校招生宣传最为火热的阶段。招生季很多高校的第一篇 10 万 + 是关于强基计划的推送，这也说明了考生以及家长对于该计划的关注。部分高校也会发布历年招生分数线，并对当年分数线的预判进行解读分析，帮助考生和家长更好地进行学校和专业的选择。在这一过程中也形成了较为固定的推送体例，比如《多少分，可以上厦大？》这一标题就连续两年在推文中使用，两年都获得了 10 万 + 的阅读量（图 5-5）。这一体例也出现在很多高校推文中，同时获得关注的还有《招生组联系方式请查收》《首批录取通知书已寄出》等推送。

七月录取通知书开始陆续寄出，每个学校都寄送出了录取通知书和新生大礼包。这份礼包不仅代表着学生奋斗后的收获，也是高校开展新生教育的一部分。如天津大学的 2021 年星空版本科生录取通知书上，有一个浪漫的创意——摘下星星送给你。一颗温感变色的“天津大学星”闪耀在通知书的开合处，色彩变化的刹那，寓意着新生与天大签订了一份“星河之约”——祝贺新生成为天津大学新时代的“追星人”，并努力在未来成为灿烂星河中耀眼的一颗星。（图 5-6）

图 5-5 《多少分，可以上厦大？》推文

图 5-6 天津大学录取通知书

※ 校庆日的联动

校庆日已经成为 10 万 + 推文的主要话题来源之一。这一天师生校友对学校关注度高，对微信推文有期待有共识，转发意愿非常强烈。各地校友在朋友圈共庆生日，推文一经发出往往数小时内即可达到 10 万 + 的阅读量。但是高校已经不满足于当日的 10 万 +，数据只是工作效果的间接证明，并不是高校运营新媒体的目标。我们目标依然是学校的声誉与美誉度，因此高校在校庆日前后更多地与兄弟学校联动或与媒体进行内容联合设计、选题联合推送。

案例 3：新华网订阅号推出“** 大学，来了”“** 大学，为什么这么牛”系列推送

新华网的系列推送主要是利用其强大影响力，配合各个高校的校庆日发文，几乎每一篇推文都是 10 万 + 的阅读量。这一举动不仅为校内推送进行了前期的预热，也形成了持续的热点。一般新华网至少提前 1 个月与高校进行直接对接，高校提供相关的素材和初步文稿思路，新华网进行编辑和润色，在临近校庆日时发布。推文主要从学校的历史沿革、办学理念、发展成就、知名校友、校园风光和学生生活等多方面来展现学校风貌。（图 5-7）

图 5-7
新华网订阅号推送
《东南大学，来了》

2 10万+风景如画，独爱秋冬

·全景风光拍摄
·航拍视角的校园

高校不仅有赏花路线图，也有自己的风物地图，或是地标建筑，或是景观小品，无论哪种都是一处独特的景致。在经历了春季赏花、夏季招生宣传的热火朝天后，秋天的校园变得多彩绚烂而又岁月静好。高校推文中不乏四季的景色，然而却以秋冬的景色最受人关注。归结原因恐怕是秋天色彩丰富，能够给人更强的色彩对比和视觉冲击；而冬天则在万物萧条的时候还能用美景美图给人传递出美感，尤其能让人在一片白雪皑皑中感受校园的端庄质朴，也能让在生活中匆匆行走的人终于有时间停下来欣赏一下冬日里的那种沉静，唤起了人们对于生活的一种共鸣。

案例4 北京大学风景推文连续10万+

北京大学在2020年10月先推送了一篇《北大与你，平分秋色》的文章，文中不仅有制作精美的短视频，也有展现秋季校园风光的风景大片，部分是经过后期处理的全景大图，给人带来视觉冲击。在11月又推送了《北大初雪！许一场深情共白头》

一文，同样也是一部 1 分 40 秒的短视频，配合微观细节的照片，共同展现雪中的北大，绿色、白色和红色的景致形成了鲜明的对比。12 月推送了《北大与故宫！最美雪景年终巨献！》一文。北大与故宫单从风景上有太多相同或相近的元素，就连有趣的动物也可以有相似之处。推文没有把视线局限在风光上，还将燕园和紫禁城一些共同的人和故事穿插其中，显得自然而又有历史感。（图 5-8）

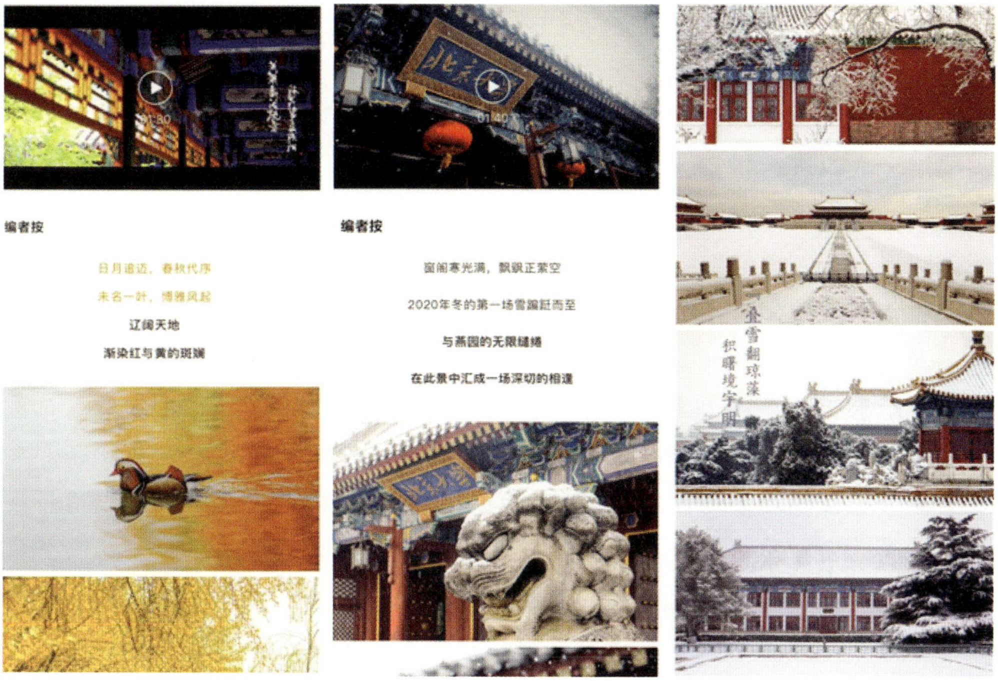

图 5-8　北大风景推文截屏，由左至右依次为：《北大与你，平分秋色》《北大初雪！许一场深情共白头》《北大与故宫！最美雪景年终巨献！》

从北大的推文中我们得到了两点启示。一是，一所高校要塑造影响力不仅要从自身出发寻找亮点，也要和一些有影响的 IP 联合打造“爆款”推文。如 2020 年恰好是故宫建成 600 年，这样的联合无疑会助推宣传。二是所有风光内容的推文，对照片本身都有很高的要求，而学校可以建立电子素材库，将照片纳入其中统一管理，并可以对部分单位和个人开放，从而增加利用率，也能够催生更多的好作品。

航拍作为一种新的拍摄方式和手法，在高校的风光拍摄中刚刚开始使用。虽然高校在大型活动中已经使用航拍拍摄，但在风光摄影中还没有开展更深入的工作。航拍可以分三种不同的类型。

将航拍与故事结合。每一次航拍看起来是拍摄建筑单体或风景，但实际更应关注背后的故事、科研团队和各类成果。这样的航拍更像拍摄纪录片，通过航拍将风物背后的人和事更好地呈现出来。

将航拍与几何构图结合。这是一种创意拍摄，可以通过航拍局部的建筑换个视角展示更有特征的立体空间，从而产生意想不到的空间效果，给人留下深刻印象。同时也可以模拟航拍拍摄，用小型的穿梭机来实现更为震撼的视觉冲击。

将航拍与无人机表演结合。如果不在现场观看，无人机的飞行表演给人带来的感官冲击是无法感受到的。要让人能够更清晰地看到飞行的全貌，就需要用无人机进行拍摄，从而得到更好角度的高清图片。这样的飞行表演通过短视频和图片、动图的方式来推送，能够在朋友圈刷屏，从而产生很好的传播效果。

案例 5：无人机飞行吉尼斯世界纪录

2020 年 12 月 18 日，全球智能工业级无人机领军企业一飞智控（天津）科技有限公司在天津大学成功创造吉尼斯世界纪录——“最长时长无人机表演的动画”。600 架无人机一键操控起飞，通过科技与艺术的完美结合，实现全球首次空中连续动画飞行表演，与星空共舞，排列出炫彩画卷，用科技描绘世界著名印象派画家凡·高的一生。在传播国际艺术的同时，也向全球展示了中国在无人机领域强大的科技力量。挑战当天，吉尼斯世界纪录官方认证官全程参与并完成官方审核查验，最终宣布全程连续飞行动画过程用时 26 分 19 秒，成功创造全球“最长时长无人机表演的动画”这一全新纪录，挑战圆满成功。本次挑战正值北方寒冬，室外气温为 −8℃，在低温天气能飞出最长航时，证明了该技术的广泛地域适应性，也开启了用科技演绎空中动画艺术的时代。（图 5-9）

图 5-9　无人机表演

3 10 万 + 的那些校园大片

· 高校宣传片的新趋势
· 高校微电影制作

现在是视觉表达的时代，短视频已经成为越来越多年轻人获取信息、生活娱乐的一种方式，精美隽秀的文字逐渐被制作精良的视频所取代。在梳理高校 10 万 + 的推文时，我们也注意到高校宣传片发布成为了近年的一个热点，几乎每一篇成功推文的背后都是一部有创意、有思想的优秀视频作品。高校的宣传片以及短视频的制作也在逐步摆脱之前大而全的样式和套路，越来越强调立意。尤其在传递一所学校的育人理念、发展格局和对未来对世界的认知方面，视频虽然短小精悍但冲击力极强，归纳起来大概有以下的特点。

※ 画面精美，注重细节品质

早期高校宣传片还是习惯于采用旁白叙述的方式进行创作，更多地使用人物采访、工作场景和空镜头结合的手法，拍摄角度更多的是大景别和叙事场景，但随着城市形象宣传片的推出，其拍摄的手法，精巧的构思，给了高校宣传片以启示。其中最有代表性的城市宣传片是 2018 年发布的《杭州，不仅是一首诗》。短短 7 分钟的视频，不仅让人看到了江南水乡的诗情画意，也让人读懂了城市的价值理念。高校也创作了一批属于自己的创意宣传片，从清华的《我们的清华》到北京大学的《你的大学，绽放》、浙江大学的《你的名字》、天津大学的《新之所向》以及 2021 年上海交通大学的《未至之境》，这些宣传片都体现了独特的立意和精妙的叙事手法。

每一部精良制作的宣传片都是从布景和布光开始的，虽然只有几秒钟的镜头，但前期的布景和布光一般要花费数小时。光线让人物和画面更立体，层次更鲜明，以区别于普通的太阳光线，营造出了宣传片设计时需要的氛围。

镜头的使用也非常精细。可以看到，每部宣传片都从多个角度进行了多次拍摄，部分宣传片采用了电影级的摄像机进行录制。6 分钟左右的宣传片，拍摄时长通常在 3 个星期左右。一部宣传片就是一个系统性工程，需要协调各个单位和外景地，按照既定的日程表紧锣密鼓地展开，中间一般很少出现拍摄间断的情况，拍摄完成后会从大量的镜头中挑选出与宣传片最契合的镜头进行剪辑和后期处理。

案例 6：上海交通大学宣传片《未至之境》

在上海交通大学（简称交大）建校 125 周年之际，形象宣传片《未至之境》（图 5-10）用全新的、不同于以往的视听语言，全面呈现交大形象，诠释交大人的责任、传承与未来。影片将视角集中在十余种学科前沿和社会前线的人物故事上，通过对多个领域“未至之境”的描写，全面展现交大的实力与担当。

图 5-10
上海交通大学宣传片《未至之境》

影片通过梳理各个行业中的典型人物和场景，并用艺术化的视听语言进行展示，勾勒出上海交通大学的饱满形象。不同时代、不同行业，优秀而平凡的交大人们，用各自拼搏的双手、不懈的脚步，开拓着各个领域的疆土，构筑着祖国发展建设的栋梁砖瓦，追寻着更远更难的未至之境。宣传片由上海交通大学融媒体中心出品，主创团队均为交大师生和校友。

※ 立意取胜，主线简明清晰

宣传片一定是有主线、有节奏的。之前的宣传片一般都注重信息的全面翔实，而近期高校推出的一系列宣传片发生了明显的风格转换，文案简洁（一般在 800 字左右），视频时长控制在 6 分钟以内，将宣传片内容围绕一个关键词展开，侧重理念传播而非事实讲述，所有的镜头都围绕一个理念，使整个片子更有灵魂。比如西安交通大学的宣传片《平静的书桌》。

案例 7：西安交通大学宣传片《平静的书桌》

2021 年西安交通大学推出了自己的招生宣传片（图 5-11），视频并没有以书桌开篇，而是将“精勤求学、敦笃励志、果毅力行、忠恕任事”的校训作为本片的主线，并回答了一个关于“大学何以为大学”的问题。一所大学有大师，能够为学生搭建成长的舞台，能够教会学生承担社会责任，才能称其为大学。视频通过“求学”“励志”“力行”三个篇章的讲述，展示了其特色培养模式：如书院制、跨学科人才培养、科研创新平台，贯穿其中的还有孜孜以求的精神和勇于担当的责任感。这部宣传片另一个特点就是全片无旁白和画外音，全部用同期声来展现内容，配合字幕，给人以沉稳的感觉，宁静中流露出大学的气度。

图 5-11　西安交通大学宣片《平静的书桌》

一部好的宣传片就像一首转承启合的交响乐。视频作品一般以历史作为开篇，通过回溯历史凝练出大学品格，这一部分的叙述厚重而深沉；转入现代部分时，节奏开始变得轻快，在背景音乐的渲染下体现激昂奋进的状态，并在一组快镜头的使用中推高全片的节奏，就像交响乐中的华彩乐章；随后节奏开始趋于舒缓，让观众在一种恬静的氛围中体会一所大学的真正内涵。

※ 系列制作，大处着眼小处落笔

高校在短视频的制作上除了有大制作的形象宣传片，也有短小精悍的系列短片。这类短片往往围绕校园的某一主题展开，介绍校园风物、四季景色、校友名家等，从不同的角度呈现一个更加细腻和立体的大学。系列短片与形象宣传片相得益彰，不仅丰富了视频表达的内容，也形成了一个日常短视频制作的机制。这些题材能够为今后的大制作留存大量的高质量素材，同时也为一些学校的核心工作提供了支撑，营造了氛围。如北京大学制作了《北大师说》《北大体验》《北大印象》《北大科研》《北大学科》等五部对外传播主题系列片。其中《北大学科》，短短的视频汇聚了北大不同学科的各自精彩，假设与求证、质疑与思辨、科技与人文，在北大的系列短片中融汇一处，不仅展现了学科实力，也为新一轮的学科评论做了宣传预热。上海交通大学也在招生季制作了系列微视频《了不起的工科》《非同一般的交大文科》等作品，助力招生宣传。

※ 微电影

微电影的制作和宣传片的制作有很多不同。宣传片目前的发展趋势是旁白越来越少，更多的是通过画面和镜头来传递内容，但微电影必须通过故事线的发展，让人理解生活在这所学校中的人所具备的气质和精神。

对于一部微电影，剧本是至关重要的。与宣传片不同，微电影的内容必须通过演员的台词来表现出来，既要自然贴切又能够表现台词背后的深刻寓意，有部分内容要靠演员的表情和动作来演绎。微电影剧本设计的核心点就是戏剧冲突，一部没有冲突的微电影会显得平淡无奇。在微电影中埋下很多伏笔，多条暗线在最后交汇在一点，共同推高剧情发展，不仅调动了观众情绪，也更能让一部作品为大家留下深刻印象。

微电影的拍摄对于演员的选择也至关重要，除了形象本身的要求外，高校的微电影还因为受众的特殊性，而面临更高的要求。演员最好选择在校师生，但大多数师生未经过专业训练，在演出时较难把握表情和台词的表现力，而寻找专业演员就要求既要有学生气质，又能够和校内师生互相配合，表现出这所大学的学生应有的独特气质，这对演员本身也是一种挑战。

另外微电影的拍摄需要更周密的安排。一旦完成拍摄，因为影片制作周期和演员档期等原因，补拍难度比较大，而且补拍的镜头会影响整部作品的连贯性和一致性，因此在拍摄前应对镜头、场景和台词进行更加精准的推敲，尽量减少事后补拍。微电影对时间线的推进要求更加严格。

案例 8：清华大学和天津大学招生宣传微电影——演绎科研故事

提到高校制作的微电影，很多时候会首先想到北大在 2014 年推出的走红网络的微电影《星空日记》。影片将学生内心的挣扎、质疑和人生选择描写得淋漓尽致，矛盾交汇点完全在于是否听从自己的声音。在此后的几年间很少再有“爆款”的微电影出现。

2020 年清华大学推出自己的微电影《追光少年》（图 5-12），讲述了一个真实科研项目“天格计划”。相较于《星空日记》的 14 分钟，这部微电影时间只有 8 分钟，这就需要更加紧凑的剧情推进，矛盾冲突的时间更短。一个小小的接线错误导致了所有的工作功亏一篑，但是清华人在不可能中创造可能，那种坚忍不拔的科研精神使整部作品让人印象深刻。

图 5-12
清华大学招生微电影
《追光少年》

2021 年清华大学再次推出微电影《破壁少年》，将计算机领域超算竞赛的故事搬上银幕。整部剧几乎在室内影棚完成拍摄，但完美的背景音乐、精彩的特效和紧张的剧情让这部微电影走红。

2021 年天津大学也几乎同步推出了自己的招生微电影《阳光小屋》（图 5-13）。这是继 2013 年创作的微电影《海棠花开》之后的又一次尝试。不过这部微电影时间大大压缩，总时长在10分钟。故事背景选择了更容易被高中生理解的建筑设计大赛，并对其中一些较为复杂的建筑设计理论进行了简化。这就体现出微电影制作的难度，既要有科学表现力，又要能够与观众进行较好的沟通，将一个严谨复杂的科学问题转化为普通人能够理解的剧情。整部作品将多学科的交叉融合、教师和大先生的谆谆教诲、矢志创新的精神自然地呈现出来，并提炼了金句“山河远阔，向阳而行”回扣主题。该片获得了师生和校友的广泛好评，招生季在朋友圈刷屏。

图 5-13
天津大学招生宣传微电影《阳光小屋》

小结与经验

本章介绍了高校10万+推文背后的选题策划规律和制作方式，每个团队只要用心运营都可以收获自己的高流量推文。数据并不是我们所追求的，我们真正关注的是这些话题形成的影响力。每年上半年是热门话题集中出现的时间，“一年之计在于春”对于新媒体更有了一层新的含义。赏花季、招生季、毕业季以及校庆日都能够妥妥地收获10万+，如果在运营中能够结合一些社会特点，并在美图美景和微视频制作上下一番工夫，还能收获意外的惊喜。这需要更为开阔的新媒体运营思路，能够整合更多的资源，全媒体的工作机制也许是我们未来值得探讨的新话题。

新媒体
重塑高校
影响力

第六章
新媒体中
好玩的创意

技术的创新与突破不仅带来了新的平台，也为传播提供了多样的形式和载体。微信推送除了图文的形式以外，长图、动图、视频、语音、H5、AR 创意与二维码、绘画、互动模板等都展现了技术赋能传播的神奇力量，让全媒体时代的故事更生动，更能够直抵人心。

1 长图与动图让故事更生动

· 长图直观阐述
· 动图生动呈现
· H5 和小程序创意表达

技术的不断发展让媒体的呈现形式更加多样，也在不断刷新我们对媒体形态的认知。微信除了最开始的图片和文字，长图、动图的运用让推送内容更加精彩纷呈。长图将复杂信息更直观地展现，一幅长图就是一篇故事，而动图实现了更活泼、更有吸引力的信息传达。这些都给新媒体提供了更多元的表达方式。

※ 长图

长图微信推送能够达到“一图看懂”的宣传效果。复杂的流程、说明、注意事项等信息，通过平面长图的方式阐述，更加美观直接，也更适合解读、分享和传播。

在长图中加入动图的元素，让长图“动起来”，也是一种趋势。具体呈现方式有长图中数据动态化展示、将适合动态展示的元素赋予运动轨迹等。案例 1 将个别元素进行了动态展示，例如将蜡烛的光芒设置成动态闪烁，既加强了蜡烛本身发光的特点，也提升了长图画面的趣味性，从而更加吸引读者阅读。案例 2 将数据进行可视化动态展示，更加明确了数据本身变化的趋势，同时也使长图变得更加易于阅读。Photoshop 可以用于制作长图以及其中的动图的效果。

案例 1：

2017 年，微信公众号“清华研读间”为庆祝清华大学建校 106 周年，推出长图推文《清华校庆 | 一张很长长长长长长长长长长的图带你回家》（图 6-1）。通过长图生动阐述了清华大学的悠久历史、校园特色、发展情况及未来规划，既有效实现了吸引读者、丰富细化内容和创意宣传等，也增加了清华师生的情感共鸣与文化认同，浏览量及关注度齐高。近几年，其他高校

图 6-1 清华大学 2017 年校庆宣传长图（部分）

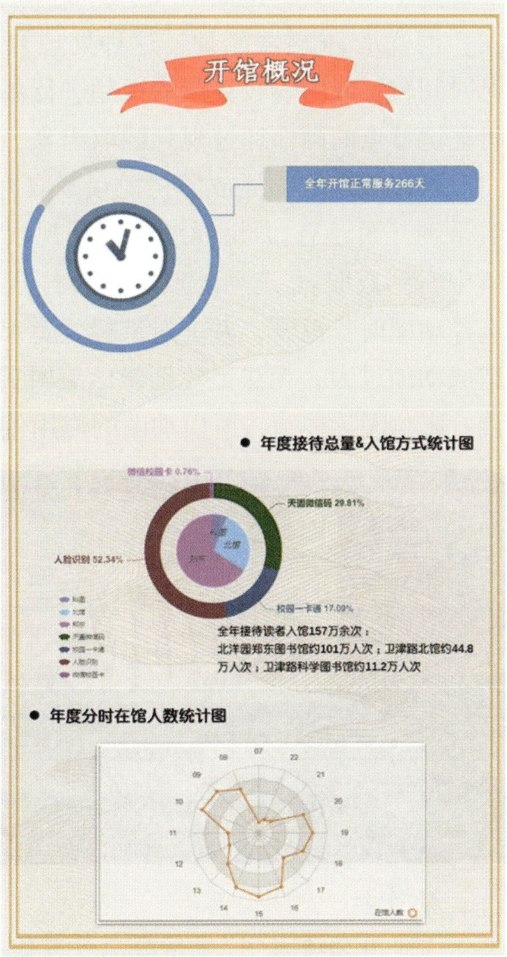

图 6-2 天津大学 2020 年图书馆大数据（部分）

也越来越多地利用长图和动图进行信息发布与内容宣传。

案例 2：

2021 年，“天津大学”微信公众号为展示 2020 年图书馆大数据推出长图推文《借阅 517 册的同学，你厉害了！天大 2020 年图书馆大数据新鲜出炉！》。通过长图生动展示了这一年来图书馆相关的“大数据”，比如各时间段进馆人数变化、学生整体借阅特点等。在长图制作中加入部分动图效果，起到突出数据变化趋势、提升长图阅读体验的作用。（图 6-2）

※ 动图

在传统图文内容传播的基础上，微信公众号也不断加入动图技巧，丰富了视觉呈现形式，进而增强了新媒体内容表现力和互动性。将视频截取为动图，也就是 gif 格式图片，这种处理方式一般用于表现视频中精彩片段。在对时间较长或内容较复杂的视频进行截取时，需要考虑视频整体的内容结构，将关键节点的画面通过视频截取出来，帮助读者通过动图了解视频的内容。

可以使用视频播放器将视频截取为动图，这里用“迅雷看看”视频播放器举例（图 6-3）。用播放器打开视频后，在画面中单击鼠标右键，可在菜单中看到截取 gif 选项，点击后会打开新的界面，以时间轴左右括号的形式选择动图时长范围，并通过选择长宽尺寸来调整动图大小。如果长度过长会造成动图过大，无法上传至微信编辑后台，过大的动图也会造成读者加载过慢，影响阅读体验，所以动图的应用效果要几经测试。

图 6-3
“迅雷看看”软件截图动图界面

案例 3：

“上海交通大学”微信公众号曾推出《Exciting！快来看交大人玩转“一颗赛艇”！》。编辑将拍摄的龙舟比赛过程的视频，剪辑制作成动图，将最

精彩的瞬间精准捕捉，呈现给读者，让大家能身临其境地感受龙舟比赛的精彩激烈和乐趣。（图 6-4）

图 6-4　龙舟比赛的动图展示

※H5 和小程序

1. H5：新媒体传播新秀

H5 可以制作适合在移动设备上展示的新媒体产品，内容包括文本、图片、视频、超链接、数据收集等。如今 H5 在微信、微博和各大网站上得到了广泛应用，如互动、宣传、海报、活动邀请、创意展示、节日祝福等，有着很强的互动性、话题性，可以很好地促进用户分享传播。

案例 4：

2021 年，重庆大学在新春佳节送出 H5 新年盲盒。《盲盒上线！快来抽取专属于重大人的新年祝福！》推文，将重庆大学特色建筑、事物与寄语相结合，从抢课系统到网红教室，从文字斋到小白车，每一座建筑、每一个意象，都与谆谆寄语缠绕在一起，形成让人难以忘怀的记忆，巧妙地将学校元素融入祝福语，用最炙热的情怀表达新年心情。（图 6-5）

图 6-5　重庆大学 H5 新年盲盒

案例 5：

2018 年，厦门大学官方微信在 97 周年校庆中火热推出“厦大校庆纪念头像”（图 6-6）。制作厦大专属微信头像，在传递校庆祝福的同时，也将“自强不息，止于至善”的厦大精神和高校文化有力传承，受到师生的广泛好评。

图 6-6 厦门大学 H5 校庆纪念头像

2. 功能强大的小程序

小程序秉持“用完即走”的理念，刚出现时让人略显陌生，如今每天被使用。人们现在已经很少再去下载 APP，第一反应都是搜索有没有小程序可用。诸多公司在小程序上各显神通，这其中当然也少不了高校的身影。常见的高校小程序应用主要集中在校园后勤、办公服务上，比如食堂、体育场馆、校园门禁、办公系统等方面，其中不乏创意十足的作品。

案例 6:

2020 年 6 月 5 日，电子科技大学官方微信推出“特别的毕业季 | 我与成电‘云合影’！”（图 6-7）因为受疫情影响部分毕业生无法返校，学校推出了这款卡通云合影小程序。在进入程序后，通过选择性别、校园场景、发型服装、是否添加小伙伴、祝福留言等，最终生成用户专属“云合影”，给不能回校的毕业生打造了情感出口。

图 6-7　电子科技大学小程序效果

2 互动类型

· 校际互动燃爆网络
· 线上线下推高热度

每一个运营成功的新媒体都体现了一种特征和风格，这其中既有运营者本身的特质又体现了其平台受众群体的特点。经过长时间的运营，平台具有了人格化的魅力，即受众在面对一个公共号时，觉得它不再是冷冰冰的机器或者一个账号，而是一个鲜活的有性格有秉性的“人”。这种人格化的特点让新媒体融入了人际传播中，成为了传播的一部分。

※ 情感互动

互动要凝聚起多数人共同的情感，如自豪感、认同感和使命感，这是互动的主旨。情感互动是最高层次的互动，也是难度最大的。这就要求新媒体有捕捉热点和群众情绪的能力。

案例 7：

2017 年 2 月 4 日，赵雷带着他的《成都》登上了热门节目《歌手》舞台。充满乡愁的歌词和悠扬叙事的旋律，唤起人们内心强烈的共鸣。2 月 9 日，上海交通大学官方微信推出交大版《成都》，阅读量 10 万 +，点赞数 2569。此后，全国至少 80 所高校加入创作高校版《南山南》的行列。在高校，诸如大学版《南山南》《成都》等网络热点，经过改编传唱，已然唤起师生、校友的情感共唱和母校文化认同，给大学生网络思想政治教育以全新视角和创新实践。（图 6-8）

案例 8：

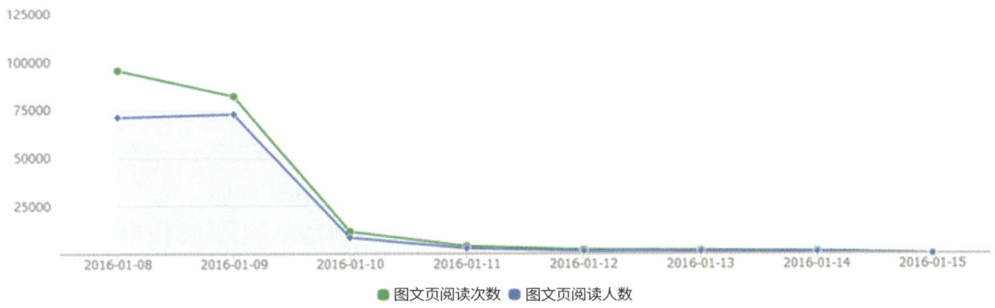

图 6-8　五所交通大学版《南山南》传播热度曲线

2020 年新冠肺炎疫情形势严峻，举国同心。2020 年 6 月 19 日上午，华中科技大学广泛组织了首场高校党组织战“疫”示范微党课。北京大学、清华大学、武汉大学、华中科技大学的校党委书记以及基层党组织书记以“1+1”形式联合主讲，课程通过网络方式进行直播，380 余万高校师生和关心教育的网友同时在线观看，播出期间相关专题网络点击量超过 1000 万人次。高校通过新媒体直播的形式安抚了民众的焦虑情绪，同时展现了危急时刻高校的责任与担当。（图 6-9）

图 6-9
高校党组织
战“疫”示范微党课
——北京大学

※ 高校 CP 互动

从实践来看，很多高校的互动往往有特定主题，如校庆、毕业季、开学季、中秋等，或针对社会网络热点话题进行讨论和互动。

CP 互动是高校新媒体在互动中逐步形成的一种亲昵的虚拟关系，可以结成 CP 关系的高校往往具有地域位置靠近、社会影响接近、学科设置互补等特点，比如清华大学和北京大学、天津大学和南开大学、武汉大学和华中科技大学、复旦大学和上海交通大学、北京师范大学和北京邮电大学、南京大学和东南大学等。

具有“相同点”的高校互动。高校以不同维度进行划分，并作为互动切入口。比如在 2020 年新冠肺炎疫情严重时，“卓越大学联盟”九所高校联合发起为华中科技大学加油的线上活动，共同在信笺上书写期盼和祝福（图 6-10）。

以地域划分互动范围。比如 2020 年 2 月 14 日，天津大学为武汉七所高校送上祝福，祈福安康，共克时艰（图 6-11）。

图 6-10 @华中科技大学，卓越大学联盟九所高校遥寄祝福！

图 6-11 天津大学为武汉七所高校送祝福海报

案例 9：

在 2021 年 4 月 25 日，北京大学官方微信在清华大学 110 周年校庆日推出《北大清华：棠棣之情 手足之谊》一文。文章从双方校园美景切入，盘点了学校历史、校友成就、科研成果等两校渊源，文中写道："清华大学百十载弦歌不辍 强国志薪火相传 亲爱的'隔壁' 北大祝你 110 岁生日快乐！"网友也留言说："官方发糖。"这条推文选择 CP 高校的校庆节点，利用微信平台很好地对双方高校进行了正面宣传。（图 6-12）

案例 10：

2018 年 10 月 16 日，两位知名艺人，在微博直接发布了领证结婚的照片，微博内容很简单，只有 2 个字"官宣"，也就是正式对外宣布两人结婚的消息。在"官宣"微博火了以后，各种官宣体也火了，全国的 CP 高校们也开始了一轮主题互动，纷纷以"官宣体"发文，@ 自己的 CP 高校，同时配图为两校的

图 6-12
北京大学、清华大学互动海报

学生证。（图 6–13）

案例 11：

2017 年 10 月 8 日中午，鹿晗公布和关晓彤的恋情，消息一出，引爆网络。公布恋情时的配文也成了网络新体式“介绍体”。“大家好，给大家介绍一下”登上微博热搜，迅速在网络走红。不少大学官方微博紧抓热点，模仿“介绍体”表白友校，一时间“高校秀恩爱”刷爆朋友圈，营造高吸引力话题的同时也巧妙地增加了高校间的交流互动以及高校宣传力度。（图 6–14）

图 6-13 福州大学微博“官宣体”

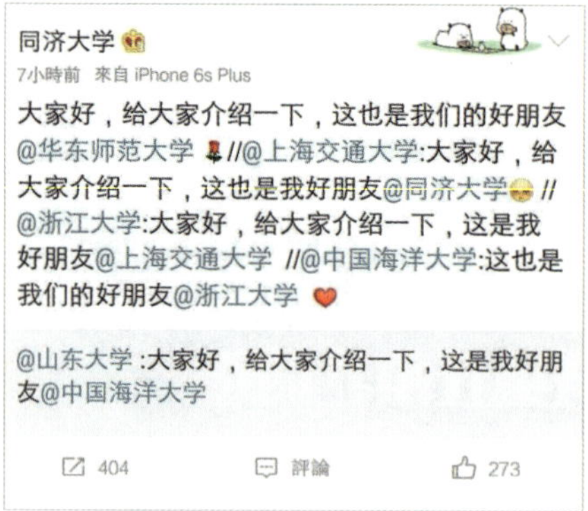

图 6-14 各大高校模仿热点“介绍体”表白

图 6-15 上海交通大学《@ 五所交通大学，这是我们共同的 2016！》

案例 12：

2016 年，五所交通大学——上海交通大学、西安交通大学、北京交通大学、西南交通大学、台湾新竹交通大学迎来双甲子华诞。五所交通大学也首次共同庆祝 120 岁生日，联袂打造“国家名片”。五所交通大学专门设立了 12 个共同项目，其中 1 个项目就是成立交通大学新媒体联盟。在《@ 五所交通大学，这是我们共同的 2016！》一文中，五所高校呼吁，在实现“中国梦”和中华民族伟大复兴的进程中，五所交通大学，同心同德，共同冲击“双一

流”，大有作为。（图 6-15）

※ 接力互动

借助新媒体平台，高校“朋友圈”近年来打造了校际互动的新模式。高校新媒体常以共同目标进行接力互动，这种形式也受到公众的广泛认可。在实践中，开启接力互动需要事先确定主题，互动双方对内容进行深度沟通，对发布日期进行确定。互动要保持高水平，创意要新颖，角度要巧妙。

案例 13：

2020 年，跨入新百年之际，为深入学习贯彻习近平总书记给北京大学援鄂医疗队“90 后”党员重要回信精神，充分展示教育系统新时代“90 后”的青春风采与责任担当，微言教育联动部分教育政务新媒体联盟成员单位，推出“‘90 后’，到！”主题策划。活动以访谈视频 + 大图形式呈现，展示“90 后”的心理感悟、成长故事，例如《西安交大、复旦 90 后同框，“交”“复”使命｜90 后，到！》。（图 6-16）

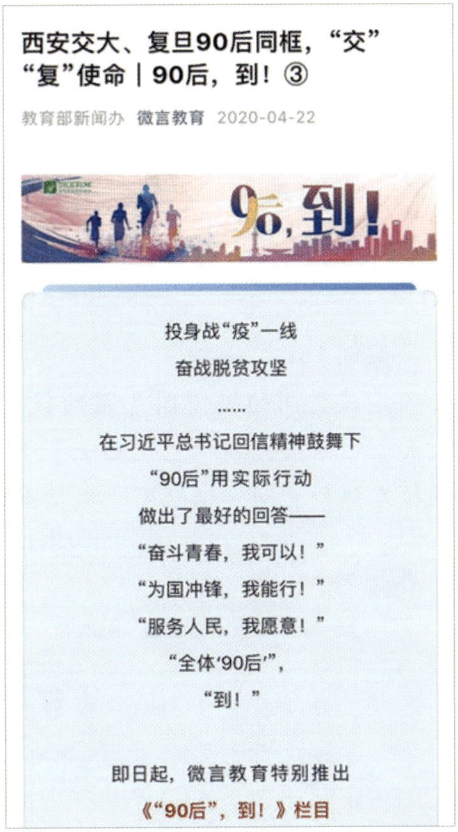

图 6-16
《西安交大、复旦 90 后同框，“交”“复”使命｜90 后，到！》

案例 14：

“青山遮不住，毕竟东流去”，“樱花落尽阶前月，象床愁倚熏笼”，“白光纳日月，紫气排斗牛”……2017 年 3 月初，中山大学、武汉大学、四川大学等高校纷纷以“飞花令”形式微博接力，助力由教育部官方微博微言教育与微博校园联合发起的“微言教育网络诗词大会”。此次校训微博接力共计千余高校参与回帖，微博话题阅读量超 1000 万。微博又赋予了古诗词新的活力，各高校师生再一次领略了中国传统诗词的魅力。此次活动是新媒体运营展示大学文化内涵、推广优秀传统文化的典型案例。（图 6–17）

图 6–17
四川大学微博“飞花令”

案例 15：

学校之间的微博图片互动接龙也是一个特点，比如在 2019 年情人节，天大表白兰大，以“兰天白云”为主题词将两校名字包含其中，引起两所高校校友热烈互动，话题登上微博热搜。（图 6–18）

图 6–18
天津大学、兰州大学微博互动

※ 线上线下联合互动

线上内容有传播面广、发布迅速、图像互动功能多等优势，线下活动需要线上内容助力传播。线下活动的不同阶段，侧重点有所不同，前期重视活动推广、中期进行答疑说明、后期进行总结回顾。而线上活动，宣传推广时可增加更多策划创意内容，答疑形式比较清楚全面，回顾以图集、视频形式居多。

案例 16：

浙江大学推出的《高考倒计时 90 天 | 万元游学基金重磅来袭，一起去那五彩斑斓的校园走一走！》中，为了更好地宣传活动，在内容中加入了校园风景色卡集锦，使得单条内容显得更加丰富，引人注目，有助于受众转发。（图 6–19）

图 6-19
浙大“万元游学基金”活动

3 流量内容

·利用数据反推内容
·见贤思齐优化内容

高校新媒体的内容运营，不仅要追求流量，更要体现学校品格，它和传统媒体具有一点共同之处，就是体现时代的特征。因此在内容的策划中，既要追求创意，又要与当前的热点结合；既要回答网民关切的问题，又要引导舆论声音；既要做好策划，又要不断总结传播规律；让数据成为选题策划的重要依据，在实践中不断对内容进行创新优化，寻找“流量密码”。

※ 利用数据反推内容

通过阅读量、点赞量、阅读量增长速度反推、分析内容受众、标题传播度、推送时间等对新媒体制作内容的影响。与后台数据分析统计有类似之处，即通过微信公众号页面提取相关数据资料，同时也要利用其他各渠道传回的数据进行统筹分析，如通过逆向分析一条选题最直观的阅读量、点赞量、阅读量的增长速度，以及粉丝留言等反馈给新媒体人一些启发。在运营过程发现，阅读量较高的内容往往是有大量用户在朋友圈分享的内容，比如下面这张后台数据截图，红框标出的两篇阅读次数较高的文章，其阅读次数与分享次数呈正相关（图 6-20）。

内容标题	时间	阅读次数	分享次数	阅读后关注人数	送达阅读率	阅读完成率
天津大学是我们的第一志愿！	2021-06-29	81748	4939	75	6.36%	21.63%
国家会展中心（天津）首展发布！天大招生宣传片中的"阳光小屋"建起来了！	2021-06-28	12766	479	5	3.36%	35.57%
毕业纪念 | 相册里的天大与毕业生	2021-06-27	19423	880	7	4.93%	33.80%
来天大吧，与优秀同行！	2021-06-26	18455	1600	4	3.61%	98.29%
多少分可以上天大？天津大学2021年招生计划及2020年各省录取分数线！	2021-06-25	149042	7316	121	14.41%	8.48%

图 6-20　阅读次数与分享次数呈正相关

从单条内容来看，《多少分可以上天大？天津大学 2021 年招生计划及 2020 年各省录取分数线！》的后台单条数据中，分享产生的阅读次数和总分享次数比值达到了 1474.78%。公众号消息阅读次数为 36326，分享产生的阅读次数为 107895，后者是前者的近 3 倍（图 6-21）。

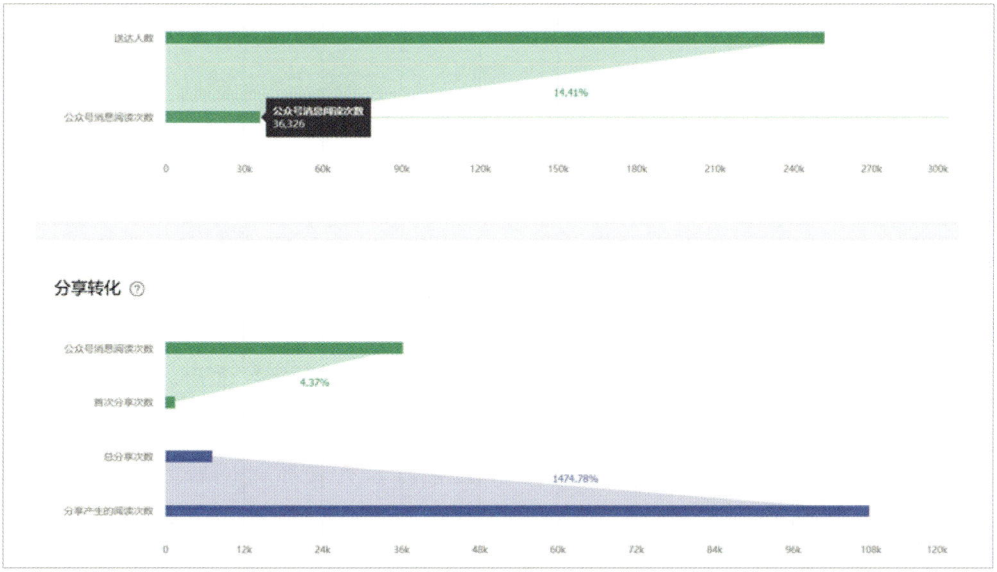

图 6-21　分享产生的阅读次数是公众号消息阅读次数的近 3 倍

在其他方面，比如推送时间，目前大部分高校会选择在上半天进行内容推送，因为这个时间段更加利于传播。标题的风格也会在一定程度上影响传播效果，目前来看简短明确、活泼有创意的标题更能吸引读者。

案例 17：

华中科技大学、大连理工大学的微信标题有三个特点：一是简短，基本没有长句；二是标点符号丰富，在视觉上有冲击力；三是用词活泼有创意，将网络热词、拟声词运用在标题中。（图 6-22）

图 6-22　左图为华中科技大学微信标题，右图为大连理工大学微信标题

案例 18：

分析天津大学往年微信数据发现，有关学霸故事的推文阅读数都在平均阅读数以上，尤其是才华与颜值并存的人物故事，配合高质量图片会获得远高于平均数的阅读数，这也导致在前期内容策划时，会更多考虑此类选题。例如，在 2020 年 12 月 27 日推出的《在天大，她可能是最能跑的人里面学历最高的，学历高的人里面最能跑的！》阅读量达到了 7.6 万，点赞数近千。（图 6-23）

案例 19：

各个高校的招生简章、专项招生计划等内容有发布时间较为固定，社会关注度强，传播量大的特点。在新媒体内容运营初期，此类内容的发布还没有引起足够重视，随着历年此类推文受关注度的上升，人们越来越重视对高考招生类内容的策划。（图 6-24）

图 6-23　推文《在天大，她可能是最能跑的人里面学历最高的，学历高的人里面最能跑的！》

图 6-24　2021 年北京理工大学官方微信发布招生内容，阅读量 10 万

※ 见贤思齐优化内容

想要不断汲取创意灵感，就要不断学习、分析和参考其他社会公众号和高校公众号的优秀作品。每周、每月、每季度，几大官方数据统计平台（如清博指数等）均会发布各高校微信公众号内容排名，从粉丝数、阅读量、点赞量等方面，科学计算出 WCI 指数。其中，WCI 指数是由微信原始数据通过一系列复杂严谨的计算公式推导出来的标量数值，它是考虑各维度数据后得出的综合指标，广泛应用于各类微信图文发布内容的媒体影响力排行，因其科学、透明、公开的原则，在业内有着很高的可信度和权威性。

公众号“局部气候调查组”是一个用长图作为内容形式的公众号，每次内容只有一张很长的图片，创意满满。在每篇文章的开头会写明这是第多少次推送，长图的长度有多少厘米，看完大概需要几分钟。这形成了其自身的特色，尤其是将手机长图标明长多少厘米，让读者对长图内容有了更多的想象和期待。长图在画风上天马行空，“脑洞”很大，擅长将多种元素巧妙融合，从很多高校的创意长图中可以看到“局部气候调查组”的影子（图 6-25）。

案例 20：

“新华网”微信公众号在 2019 年和 2021 年推出了两个微信话题，分别是“xx 大学来了”“你的大学也太牛了”，都取得了很好的传播效果，也给各高校提供了借鉴，尤其适用于校庆日内容策划。这两个话题基本都是在某一所大学校庆日当天推出的，内容主要是围绕学校进行大盘点。推文开头都是读者比较感兴趣、比较轻松的内容，这样更容易吸引读者的注意力；后文从不同方面进行串联，比如学科实力、学校历史、办学环境、校园活动等方面。全文给读者呈现了一所鲜活的大学，有历史、有活力、有科研、有人文，让每一位读者都能更全面地了解一所大学。（图 6-26）

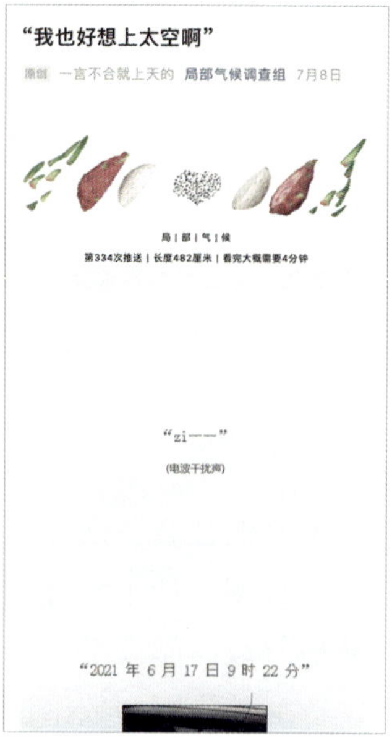

图 6-25 “局部气候调查组”推文

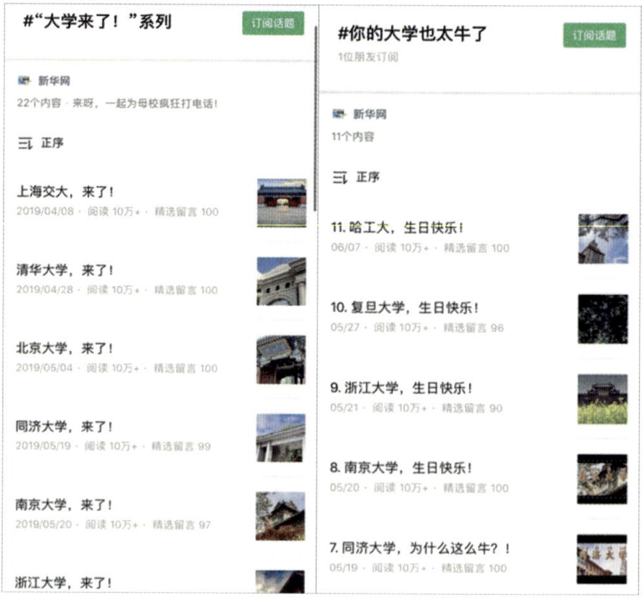

图 6-26 “新华网”微信公众号话题

4 AR 创意与二维码

·AR 与二维码应用形式
·AR 与二维码创意效果

随着科技与互联网的普及和发展，AR（增强现实技术）创意与二维码的应用目前非常广泛，以数字技术为基础的新媒体形态传播方式达到了一个新的高度，从而影响了传播载体与形式，其宣传视觉表现也从单一化走向多元化。

※AR 及二维码应用形式

AR 技术的实现是在真实世界的基础上叠加信息，同时使用者在真实世界的行动并不会受影响。AR 广告与用户之间的双向传播载体多是在终端设备上展示的，在移动终端上主要是通过摄像头扫描二维码、图片和实体，出现产品模型、视频、动画等形式；而 LED 大屏，结合现场添加互动效果等也越来越多地被各高校应用。

※AR 及二维码应用效果

近年来，更多的高校新媒体开始利用和开发 AR 技术与二维码进行信息的创意视觉表现，增强了与读者的互动性与双向性。

案例 21：

合肥工业大学官方微信在校庆期间推出的《@全体工大人，VR校史馆带你“回家”！》，以实体校史馆为蓝本，通过“校史馆航拍”等互动体验模块，真实形象地展示了校史馆的馆藏内容和外部艺术空间，用线上沉浸交互和线下实地开放相结合的方式，让校友重温学校历史，回味鎏金岁月，厚植母校情怀。（图 6-27）

图 6-27
“合肥工业大学”官方微信 VR 校史馆参观活动

案例 22：

天津大学在2019年制作了全国首批采用AR技术的大学录取通知书：“AR”海小棠喊你报道。用手机程序扫一扫录取通知书，一个活灵活现的卡通人物瞬间出现在屏幕上，她彬彬有礼地自我介绍，然后热情洋溢地欢迎新生开启大学生活……所有考入天津大学的新生都可以收到一份科技感十足的“天大惊喜”。手机屏幕上出现的卡通形象“海小棠”，同时也是前文中提到天津大学打造的“全国首个高校智能新闻主播”。（图 6-28）

图 6-28　天津大学全国首批采用 AR 技术的大学录取通知书及应用展示二维码

5 有意思的媒体号

· 校友运营的微信公众号
· 关注教育的媒体号

目前，高校微信公众号如雨后春笋一般急速增长，覆盖面已达到几千万之广。高校新媒体特色小号的出现给了师生表达不同意见的空间，也使得高校文化有了更有温度、更接地气的传播方式及途径。充分发挥特色小号的影响力作用，引领正能量传播，是高校新媒体时代传播的大势所趋。

众多高校特色小号的背后，都有一群富有热情的校友，他们在工作生活之余，参与到了新媒体运营中来。这些小号不仅让社会大众可以从不同角度了解学校，同时也架起了更多校友和学校之间的情感桥梁。高校应该提高对媒体小号重要性的认识，拓宽校友参与高校新媒体建设的渠道，重视与校友的互动与合作，以便更好地发挥媒体小号在高校新媒体建设中的作用。

案例 23：

上海交通大学微信小号“二月十三”是备受交大师生欢迎和喜爱的微信公众号（图 6-29）。除了更新师生感兴趣的高校话题与资讯，“二月十三”

也推出多种功能服务师生群体，师生也可以通过投稿等方式与公众号互动。这一公众号在增强高校人文关怀、价值引领、表达民意等方面表现突出，营造了有趣、温暖的高校新媒体氛围。

图 6-29
上海交大受欢迎小号“二月十三”

案例 24：

哔哩哔哩（B 站）著名 UP 主“老番茄”是复旦大学学生（图 6-30），拥有千万粉丝量和关注度。作为高校 UP 主，“老番茄”充分发挥正能量校友的品牌效应，其两个关于复旦的视频“欢迎报考复旦大学”“我毕业啦”内容励志，搞笑的同时也对复旦大学包容的教育环境及优质的教育资源进行宣传；“老番茄”让更多观众了解复旦，激励广大学子敢于突破自我、努力奋斗，起到了良好的带头示范作用。

图 6-30
复旦大学 B 站 UP 主“老番茄”

案例 25：

清华大学“清华小五爷园”微信公众号（图 6-31），通过丰富有趣的内容，在全国大学生群体中享有一定知名度。公众号针对校内外突发热点新闻的采访、报道十分迅速。通过对校内生活的观察挖掘，寻找同学们感兴趣的话题，制作成专题作品（可以有视觉设计元素，如图片、H5、小程序、视频等）。公众号侧重人物报道、特稿、深度报道等稿件，进行有深度、有质感的新闻写作，报道丰富多彩的清华人物及典型事例；对时政热点事件保持关注，吸引清华学生关心时政，同时在需要发声时发出清华人的声音，具有思想引领功能。

图 6-31
清华大学小号“清华小五爷园”

案例 26：

摄影已经成为高校学生近年来较为普及的兴趣爱好，随之校园内摄影类公众号也应运而生。在天津大学，有一个由校友和在校师生共同运营的摄影公众号“北洋光影”，在师生校友中形成了广泛的影响力。公众号内容主要有校园风景摄影、校园活动摄影、摄影知识、摄影活动分享等。账号受师生校友关注有以下四个原因。

一是风景摄影作品震撼唯美，将校友熟悉的校园拍摄出“大片”既视感（图 6-32）；二是紧跟学校活动，活动当天就能推送高质量摄影作品，例如毕业歌会、元旦晚会等；三是校园生活摄影，通过镜头让人看到熟悉又陌生的校园，起到了维系校友情感的作用；四是组织摄影采风活动，组织师生校友在市区以及周边城市进行线下摄影活动，在实践中提升摄影水平（图 6-33）。

图 6-32
天津大学校园风景图，北洋光影推送

图 6-33
天津大学学生在天津市古文化街

当前，高校新媒体发展呈现出多轮驱动的态势，中国步入移动互联网时代，各行业也趋向于用更具前瞻性、全局性、战略性的新思维看待高校新媒体发展。高校新媒体构建了与社会各界积极交流的平台，通过关注高校新媒体，社会各类新媒体也能够有效实现信息交流、人才引进、时政发布、文化传播等功能。

案例 27：

“青塔”是国内领先的高等教育数据与内容服务商。“青塔”关注了众多高校新媒体账号，通过高等教育 + 互联网 + 大数据的创新结合方式，持续向大众和专业用户提供高质量的高教信息和专业数据服务。

案例 28：

2014 年，为进一步传递教育资讯、展示河南教育形象、服务广大师生和人民群众，河南省教育厅官方微信正式开通。这是继开通官方微博之后，河南省教育厅在新媒体运用上的又一重要举措。2020 年疫情期间，河南省教育厅新媒体坚持“新闻 + 政务 + 服务 + 育人”的定位，做好信息发布、政策解读、热点回应和舆论引导的策划工作，全年获得 10 万 + 的微信公号文章比第二名多 1500 余篇。在中国教育学会教育新闻宣传分会主办的“2021 全国教育政务新媒体年会”上，河南省教育厅新媒体获得 2020 年省级教育部门中国教育发布 APP 教育号总体表现情况第一名，并被确定为“教育部政务融媒体创新创作基地”。

案例 29：

《人民日报》、新华社、新华网、《光明日报》、《中国青年报》等国家级新媒体账号也常常会报道高校的优秀师生故事。让自己学校的内容登上这类大媒体，是高校宣传人员的小目标之一。这一类媒体，往往是“一上都上”，就是说内容被其中任何一个媒体报道后，往往会引起其他账号的接续报道。哪些内容被报道的概率大，也是我们需要思考的问题。

小结与经验

这一章总共分为五个小结，分类总结了微信中好玩的新创意。一是运用长图和动图让故事显得更加生动，同时我们也提到了这两种形式的新变化，还提到了 H5 和小程序的应用。二是将互动类型分为三类，分别是校际之间的互动、高校 CP 互动和接力互动，每类互动都是为新媒体账号增加“人格魅力”的好方法。三是关注流量内容，首先可以从传播数据反推内容，让内容策划有法可循；其次是见贤思齐，优化内容，一方面及时掌握近期各高校的优质内容，另一方面对有特长的社会公众号进行学习。四是 AR 创意与二维码，在了解其应用形式和应用效果的前提下，进行巧妙运用。五是高校中有意思的媒体小号，使读者从更多的角度了解一所大学。

媒体
重塑高校
影响力

第七章
新媒体也会
“谈情说爱”

随着新媒体运营的深入，高校账号逐渐褪去“宣传平台”的形象，并衍生出独立的拟人形象，以亲切、活泼的口吻延续宣传工作。在拟人形象不断成熟的基础上，高校账号间的互动更加频繁，并出现“组 CP”的现象。这得益于网络文化的蓬勃活力，也是大学文化主动打破壁垒，走近大众的创举。深究高校间的“谈情说爱”，折射的是新媒体团队借助新语境再述大学文化的精巧立意，也凿刻出巍巍学府的渊远历史与精神品格。

1 高校之间组 CP

·高校 CP 的由来与发展历程
·运营成熟的高校 CP

高校账号进驻新媒体平台后，适应新媒体属性成了运营者的必修课。注重交互功能的微博平台，在互动性方面对高校账号提出了要求。高校 CP 就是近年来出现的具有较高关注度的互动性新媒体运营方式之一。

※ 高校 CP 的由来与发展历程

为了更好地适应微博，高校账号运营者开始联合其他高校进行宣传，并取得了良好的成效。高校间的点赞、评论、转发，生动有趣，在年轻学生群体中特别受欢迎。

一些高校开始尝试与渊源较深的友校进行联动，开创了高校 CP 的先河，如上海交通大学与华东师范大学联动运营（可追溯至 2014 年 1 月，图 7-1）。随后，高校在情人节、七夕等特殊节日的组 CP 行为逐渐普遍。2018 年演员冯绍峰与赵丽颖“官宣”结婚后，大量高校借助“官宣体”话题组 CP，获得了网友的广泛关注与讨论。

案例 1：武汉大学、同济大学武“5G”CP

2020 年 11 月 11 日当天，武汉大学与同济大学官方微博零点同步上线“CP 发糖”的抽奖活动，通过极具时代意义的 CP 名“5G”，利用“双 11”这场网络狂欢，成功吸引了粉丝的注意。“5G”CP 的名称深入人心。（图 7-2、图 7-3）

图 7-1
上海交通大学与华东师范大学的早期互动微博

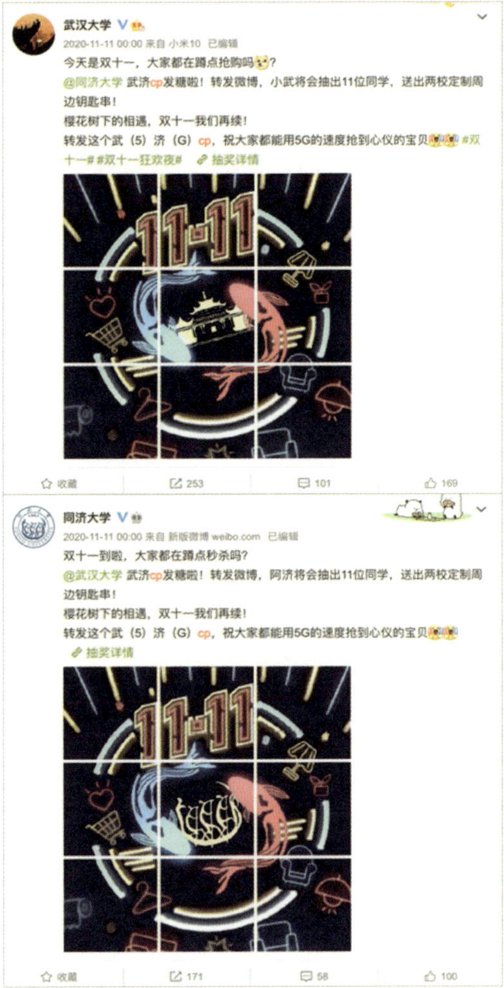

图 7-2、7-3
武汉大学、同济大学“5G”CP 互动

※ 运营成熟的高校 CP 与其联系

纵观高校 CP 不难发现，高校 CP 并非运营者的随心之举，很多组成 CP 的高校往往具有较深的内在联系，其宣传效果也证明，这些具有客观渊源的高校 CP 才能获得更广泛的认同与关注。

如今成熟的高校 CP 可分为三类：一是学校的学术水平与声誉接近的高校，如清华大学与北京大学、天津大学与南开大学等；二是在地理位置上接近、线下交互较多的高校，如上海交通大学与华东师范大学；三是研究方向与文化氛围接近的高校，如上海交通大学与西安交通大学，北京航空航天大学与北京理工大学等。这些高校 CP，内在联系丰富深刻，其背后是道不尽的大学文化和历史。

2 高校之间的互动话题以及引发的微博热搜

·高校互动的热搜案例
·高校互动话题品牌塑造与特点

高校互动话题与普通的宣传内容相比，往往能达到更好的宣传效果，一些联动内容结合事实，新奇有趣，能够得到高校账号受众群体的认同与关注。此外，对于本校的师生群体而言，母校的联动在某些程度上也会得到他们的偏爱，并实现广泛的传播。一些成功的高校互动话题，能登上微博热搜榜单，获得大众的普遍关注与讨论，也激发了各界对大学文化的兴趣。

案例 2：# 郑河下西洋 # 高校公益林 PK 赛

2019 年，支付宝决定将一吨西蓝花作为给公益林排名第一的高校的奖励。郑州大学与河南大学的学生、校友为了让母校登顶，使尽妙招，你追我赶，分毫不让。微博话题“# 郑河下西洋 #”登上热搜，阅读量达 1.4 亿，讨论量近 4 万。（图 7-4）

这次事件本来只是两校学生在支付宝公益林活动中的竞争，但是由于两校宣传部门的及时介入，变成了一场“轰轰烈烈”的高校互动活动。两校微博通过热情的号召与宣传、发布学生有趣的朋友圈

图 7-4
“# 郑河下西洋 #”热搜话题

内容、拍摄有关的线下场景等方式，你来我往，成功地将“# 郑河下西洋 #”和“# 河南大学公益林 #”等话题送上热搜，引发了网友的激烈讨论。

以下摘选自河南大学新闻网。

2019 年 12 月 23 日，国内发生了一件可载入网络公益发展史册的大事。起因是支付宝推了一条主题为“你贡献绿色能量，我请你吃绿色蔬菜”的微博，承诺将为蚂蚁森林日浇水量第一的高校提供一吨西兰花。

西兰花，色泽翠绿，营养美味，备受人们喜爱。谁没见过西兰花？大家是想见一吨！于是乎，国内高校纷纷响应，省内高校更是积极应战，大量的段子和流行语频出，西兰花瞬间成为爆款“网红”。由西兰花引发的 Battle（战争），被网友戏称为“西兰花事件”等。

此事件经网络营销与媒体渲染后愈演愈烈，再加之参与高校将其升华为荣誉与尊严之争，西兰花也已经不再是简单、普通的西兰花。对于我校而言，西兰花则升格为一种精神、一种象征。

在“西兰花之战”中，河南大学和郑州大学从全国高校中脱颖而出，展开日浇水量的激烈 PK。两校斗得难分难解，交替领先，Battle 不时陷入胶着状态。在“西兰花之巅”决战之时，吃瓜网友们纷纷调侃：河大与郑大，情断西兰花，并发出灵魂拷问：一吨西兰花算啥啊？支付宝官方微博也出来凑热闹：“我觉得不管谁赢了，分一半送给另一个，我们依旧恩爱 @ 河南大学 @ 郑州大学。”的确，每年七夕，两校会在微博上甜蜜互动，深情款款。就在不久前的“双 12”，两校还你侬我侬，含情脉脉。

其实，大家无须担心。在支付宝凌晨发微博宣布河南大学胜出后，河南大学及时发声“齐心协力，高校公益力量不可忽视”，郑州大学紧跟“@ 河南大学 你赢了，我才不算输”。随即两校又秀起了恩爱：“你一吨，我一吨，河郑 CP 永不分。”看着分分合合而又重归于好的兄弟高校，河南农业大学也出来加油鼓劲：“要送就送最优质的西兰花！”

“校友”是一个特殊的群体，他们是深情厚谊、母校情结的象征，饱含深情与眷恋，拥有记忆与情缘。百余年来，广大校友是河南大学最宝贵的财富和资源，也是学校事业发展最可信赖、最可依靠的重要力量。在“西兰花之战”中，各地校友不遗余力地支持母校，总浇水量排名第一的上海校友会分会长蔡俊波，更是组织了多个“梭哈群”，在最后一分钟吹响集结号，强力助推河南大学以领先81棵樟子松的优势荣登榜首。他说：“当看到母校胜出的那一刻，自豪感油然而生，‘猗欤吾校永无疆’盈满肺腑。虽然河大学子身处全国各地，但依然团结一心，永葆对母校的热爱与支持。”

此次高校互动话题既风趣幽默，又体现了大学生对环保公益的热情，两所同一地区高校校友之间的竞争与互动更体现出了大学的活力与激情。而在这之中，也不难看出高校新媒体运营的重要性。如果没有两校宣传部门的及时介入，在公益林阶段就不会有如此多的校友参与活动，也不可能形成全民讨论的热搜话题，为学校带来大量的关注与流量。

※ 高校互动话题品牌塑造

案例3：厦门大学“小厦译站”粉丝互动投票栏目

微博平台具有其他平台无法实现的即时互动性，厦门大学官方微博结合粉丝群体的学生属性，推出粉丝互动话题品牌——“小厦译站”，通过知识问答和投票形式吸引粉丝互动。投票相对于评论、转发等互动形式更为简单，吸引了大量粉丝互动。互动内容以英文知识问答形式为主，符合高校形象，也赋予了品牌建设更多文化意义。（图7-5）

图7-5
厦门大学“小厦译站”互动话题

※ 分析高校互动话题的特点

回顾过往冲上热搜的高校互动话题，我们也能发现，这些话题之所以备受关注，很大程度上是因为其与公众对大学的固有认知有着较大反差，激发了公众的好奇，再加上幽默风趣的文字或影像，便得到了大众的喜爱。在大众的印象里，大学往往与庄严、刻板、不苟言笑等词汇相关，这也在一定程度上限制了高校的新媒体宣传工作。高校间活泼有趣的互动则是打破大众的固有认知，让大众了解大学文化中青春洋溢的一面，激发大众的好奇心，从另一个层面实现了对学校的宣传，营造了更为丰富的学校形象。

3 高校微博的典型案例

·华东五校的“华五浓情”话题
·武汉大学“珞珈樱事”话题
·天津大学与南开大学的花季互动

高校微博互动如今已屡见不鲜，许多高校账号都尝试过互动与组 CP，并得到了较好的宣传效果。一些高校的互动微博形成了稳定、持续的运营模式，收获了固定的粉丝群体，也为校园宣传持续助力。

案例 4：“华五浓情”话题

2018 年中秋，华东五校（上海交通大学、复旦大学、浙江大学、南京大学、中国科学技术大学）突破过去两两联动的模式，以“华五浓情”话题发布微博，并以本校文创产品为奖品庆祝中秋佳节，获得了良好的传播效果。此后，在许多传统佳节，华东五校均借用“华五浓情”话题进行联动送上祝福。

“华五浓情”话题由华东五校高校联盟的微博账号发起（图 7-6），以我国传统佳节为载体，用文创抽奖的形式向网友送上联动祝福，获得了上千万的浏览量，并形成了长期稳定的互动话题。网友们或因对这五所头部高校的向往，或是被文创产品抽奖激发兴趣，纷纷参与到“华五浓情”的话题互动中来。同时，五所高校互相引流，大大提升了传播力度。

案例 5：武汉大学“珞珈樱事”话题

作为高校出圈典型案例，武汉大学的樱花季在每年都会引发热搜讨论。武汉大学抓住独特校园景色推出“珞珈樱事”话题，每年在樱花季通过高质量图文积极地宣传。2020 年新冠疫情以来，武汉这座城市也被赋予了特殊的意义，抗疫人员“赏樱绿色通道”的推出使得樱花不再是单纯的校园景色，而成为了具有独特时代意义的文化象征，塑造出成功的文化 IP。该话题阅读量已超过 7000 万。（图 7-7）

案例 6：天津大学与南开大学的花季互动

每年春天，天津大学都会举办海棠季活动，欢迎广大师生校友和市民到天大共赏海棠美景，参加精彩活动。2017 年起，南开大学每年发布有关“天大海棠季”话题的微博进行互动，并邀请天津大学师生来到南开大学共赏花。（图 7-8）

天津大学与南开大学的花季互动，以天津大学运营的“天大海棠季”话题为基础，进行了两校间的良性互动。一方面，南开大学的互动帮助天津大学对本校主推的宣传活动造势，扩大了活动的影响力；另一方面，南开大学参与海棠花季话题也获得了一定的流量，为本校活动助力。

回顾以上经典案例，高校成功的微博互动话题既要选择合适的互动搭档，如以华东五校为代表的固有高校联盟，或以天大、南开为代表的关系紧密的兄弟院校；也要选择恰当的时间与由头，如“华五浓情”的共庆佳节、天大和南开的共赏海棠。只有这样，

图 7-6 “华五浓情”宣传活动

图 7-7
“珞珈樱事”话题微博

互动话题才不会流于表面与形式。此外，也应明白，互动是一个互惠互利、共享资源与流量的过程，而具体的形式既可以是华东五校联盟的平等共享，也可以像天大、南开一样以一方为主体，另一方进行辅助，均能达到不错的宣传效果。

图 7-8　南开大学庆祝“天大海棠季”

4 “谈情说爱”背后的情怀

·志同道合的国防“七子”
·同根同源的交通大学
·厚植爱国主义情怀，接力“我和我的学校”

高校CP在很多时候会被人认为是娱乐化的产物，与大学教育和学术研究所追求的方向相悖。但仔细研究高校CP不难发现，新媒体运营者在CP的选择，内容的制作上，都下足了功夫，不少内容都折射出了高校的家国情怀与人文关怀，体现了作为高校和高校师生的时代使命与社会担当。

案例7：　国防事业中的“舒克与贝塔”

北京航空航天大学与北京理工大学的CP被戏称为“舒克与贝塔”，其同为国防工业7所院校之一，前者长于航空航天业，后者精于坦克制造，为我国国防事业做出了巨大的贡献。

案例8：《100年前的2月，定了“交通大学”这个校名》

“五所交大是一家，五所交大指上海交通大学、西安交通大学、西南交通大学、北京交通大学，以及台湾阳明交通大学。”2021年，上海交大档案文博管理中心发布文章《100年前的2月，定了“交通大学”这个校名》，介绍了五所交通大学同根同源的历史。由南洋公学到交通大学，五所交通大学在曲折逶迤的历史中书写了中国近现代教育史上的传奇。

上海交通大学与西安交通大学都来源于原来的交通大学，因支援西部发展，实施西迁，才分为两校。两校在共同的校庆之日“以交通之名”互相祝福，得到网友的称赞。

在北京航空航天大学与北京理工大学的“舒克与贝塔”CP背后，是两校为了国防事业输送大量人才的卓越成就，是两校师生为了国防安全这个共同目标，志同道合、携手共进的故事。而两所交通大学在校庆日互相送上的祝福，是那支义无反顾支援西部的慷慨队伍，是汗水，是艰辛，是责任，是历史，是不朽的情怀……

高校的故事要怎样去讲，先辈的事迹要如何去说，这是交给校园宣传工作者的难题与使命。我们建校史馆、档案馆，在那里用最崇高的敬意去怀念过去的人与事；我们也可以通过新媒体，用简单的文字，唱一支没有终止符的赞歌。高校间的谈情说爱，无关风月，只道使命与情怀！

图7-9 清华大学、西安交通大学“我和我的学校”主题微视频接力

案例9：“我和我的学校” 微电影接力

教育部政务新媒体在全国各级各类学校的青少年学生中深入开展“我和我的学校”主题活动，通过高校官方微信和官方微博发布微电影，接力联动的形式，引导广大青少年通过身边的故事深刻感受我国“十三五”时期的发展建设成就，积极畅想“十四五”及2035年我国发展的美好蓝图，在活动

中弘扬社会主义核心价值观，厚植爱国主义情怀。活动由清华大学首发，数十所高校接力发布微电影。学校建设与祖国发展同行，活动展现出各高校扎实的办学基础，卓越的科研成果，坚定的理想信念。（图 7-9）

小结与经验

高校间的 CP，不应凭运营者个人喜好随意组合，而应注重在组 CP、搞互动的同时赋予活动更深刻的精神内涵。只有这样，CP 才是有灵魂的 CP，而不会陷入泛娱乐化的泥沼。由 CP 形式扩展出的如接力活动等其他形式的高校互动形式，以求同存异的新思路为高校宣传提供了新舞台。

媒体
重塑高校
影响力

第八章
在有风的日子迎风起舞

网络文化的多元丰富化、价值的多样性深刻地影响着社会成员的文化认同和价值选择。在新媒体运营过程中，如何乘势而上、顺势而为、因势利导？无论展现形式的日渐丰富还是技术手段的不断革新，实质内容始终是创作的基石和新媒体工作者关注的重点。本章主要介绍在新媒体运营过程中，如何使官方微信保持可持续发展的态势，在热点中占据一席之地，发挥文化引领的作用，实现精神传承。

1 抓时间节点

·时机选择的重要性
·重要节点的新媒体组合拳

新媒体的内容具有很强的“时间恰当性”，同样一篇内容在不同的日子推送，效果差异很大。这就要求运营者具有“网感”，高校新媒体运营者需要关注自身受众在这一时期对公众号内容有何期待。

※ 借时重要性

高校官方微信在不同时间节点策划的原创选题，能够带动社会媒体滚动宣传。高校及时捕捉重点事件、挖掘故事，也能有效丰富宣传内容、引领价值。

※ 抓时间节点宣传形式

高校新媒体可以回溯往年推送内容，结合当下的热点和事物，制作选题作战表。以此为据策划新选题，既能将近期要准备的选题进行梳理，也能引导新媒体运营者有条不紊地跟进内容，还能从容应对突发情况。高校新媒体可以关注春节、毕业季、迎新季、假期、节气等与校园紧密相关的节点，如开学典礼、毕业典礼、新生第一课、校庆等重大活动。通过新媒体平台第一时间向师生校友进行直播和推送，能够有效增加关注度。让受众感到官方微信无时不在，无处不在，形成重要时刻总有校园官方媒体的关心和陪伴的习惯之感。

抓住重要时刻，准确定位，引发情感共鸣；讨论共同话题，官方微信与君时刻陪伴。

案例 1：天津大学招生季新媒体内容策划思路

2018 年天津大学围绕高考招生季重要时间节点，策划全周期内容，送给考生“四个心”。（图 8-1、图 8-2）

（1）贴心。与相关部门密切协同，做到权威资讯第一时间发布。例如，天津大学 2018 年招生章程、全国各招生组行程时间安排等内容。针对当年招生政策、专业报考新变化做好权威解读，帮助考生理解，例如，天大 2018 年本科招生新举措、2018 年如何报考天大你心仪的专业都在这里等内容。

（2）决心。通过介绍学校实验室、毕业校友、在校生等展现学校各方面的优秀形象，为考生报考天大增添决心，例如推送《选择天大，这就是你未来的模样！》。

（3）安心。以结合社会热点的方式，将学校实验、学习、住宿等信息进行整合介绍，让考生报考安心。例如与高考作文题目相结合，推送《高分作文，这就是天大的“器”质》；与网红综艺话题相结合，推送《奔跑吧！天大！We Are Family ！》《未来天大人！带你看看〈奔跑吧〉之外的天大日常！》。

（4）暖心。高考前策划人文关怀类内

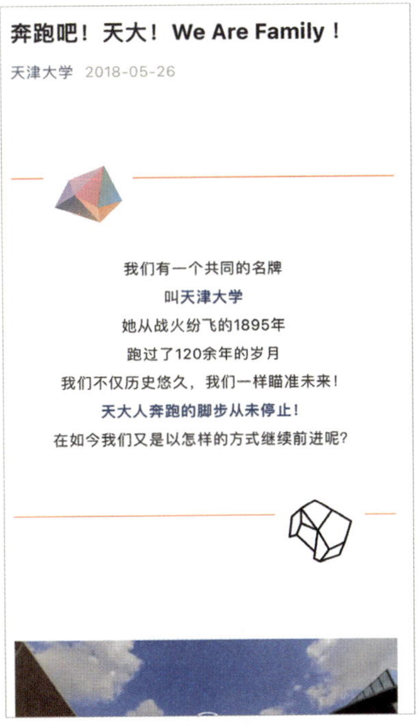

图 8-1、图 8-2 天津大学微信截图

容，让考生感受到天大是一所“有温度”的大学，如推送《曾经你以为天大的事，不过是你人生的一件事、后天高考！》《加油，期待与你在天大相遇！》等内容。

传播效果：

（1）互动火起来，通过微博发起“# 我在天大等你 #”互动话题，发布招生政策信息、专业介绍、校园特色等内容，并与广大考生及家长进行互动，如一起晒录取通知书等，话题总阅读量达到 628 万。

（2）直播看起来，通过直播介绍招生工作。邀请《光明日报》主播走进天大，与招生办公室负责人在校园内边走边聊，展示天大校园环境和文化氛围，累计观看量达到 96 万次。（图 8-3）

（3）推送转起来，打造 10 万 +“爆款”推文。《奔跑吧！天大！We Are Family ！》介绍了天大奔跑的方向——学校未来重点发展领域，奔跑的速度——重大科研成果，奔跑的跑道——学校设施环境，奔跑的伙伴——天大的优质师资力量等，用奔跑相关的词汇对天大做了全面介绍。六月份高考招生季推出微信内容 16 期，阅读量共计 43 万，篇均阅读量 2.7 万。

案例 2：四川大学招生季新媒体推送策划

四川大学围绕招生工作，策划打造官方微信 100 万 + 级招生宣传计划。在 2019 年招生宣传工作中，川大微信团队与招生部门紧密合作、提前谋划、

图 8-3
天津大学微博截图

全程覆盖，打了一场漂亮的新媒体招生宣传攻坚战。从招生前期的热点制造，到招生期间的软硬件宣传和报考指导，再到招生后期的成果宣传和新生报到，川大微信先后精心策划十余条报道，阅读量总计超过100万，篇均阅读量近6万。例如，在2020年9月19日，推出了《男女比例、星座分布、姓氏年龄……川大2020本科新生大数据揭秘！》。文章对9200多名本科新生的省份来源、出生日期、姓氏分布等方面进行大数据画像，这种介绍新生情况的方式，也是近年较为流行的一种形式。（图8-4）

案例3：合肥工业大学校庆日推文

合肥工业大学在10月7日校庆日的推文是典型的校庆体，在推送中插入了视频号发布的本校宣传片，并将学校历史和教师口述融合在一起，展现了一批有情怀的教师，还加入了各地校友会的祝福，并在推文中展现了学校的创新科研团队、文化育人成果和学生社会实践，体现了学校的最新成果。推文最后设置集赞活动，送出文创产品，从评论区的留言可以看到师生校友浓浓的爱校情，推文毫无悬念地成为了一篇10万+热文。（图8-5）

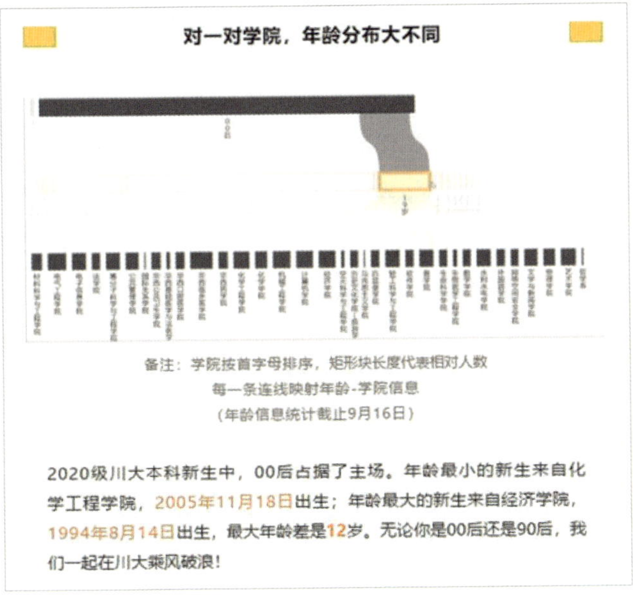

图8-4　四川大学新生大数据

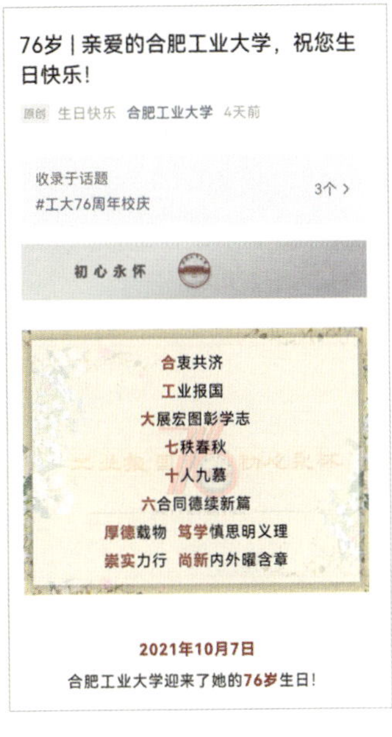

图8-5　合肥工业大学校庆推送

2 抓社会热点

·社会热点特征
·新媒体如何抓社会热点

※ 社会热点特征

社会热点往往来得快，散得也快，容易一时间形成广泛刷屏模式。官方微信新媒体运营团队也应有善于发现和捕捉热点事件并将其迅速转化为一条推文的能力。同时，新媒体运营团队在日常运用中，也应整理和储备丰富全面的图文素材，以便热点事件发生时，可游刃有余综合发布。

※ 抓社会热点要点

（1）将事件分解，挖掘可发挥之处。对于一个热点事件，不同主体会有不同的关注点和解读点。将一个事件进行分解，从不同角度和视角切入，挖掘其中的可发挥内容，以及适合高校做的内容。转发或跟稿微信大号有些千篇一律，且价值不高，独辟蹊径又太过苛刻，建议分解完事件后，各高校应结合自身新媒体特色和学校风格择优选取。

（2）找准着力点，精确定主题。通过第一步的事件分解，我们对其可做的宣传点有了初步了解，接下来是对此事件进行定位，是否涉及舆情、是否正能量、是否适合学校等，高校应及时找准可发力的宣传点，精确定好内容主题，并开始快速地收集、整理、编辑和审核。

（3）日常素材收集整理，追热点有备无患。当一条热点新闻刷屏之后，各高校都在琢磨如何搭上“顺风车”，借事发酵达到传播效果，这也体现了新媒体“快”的特色。那么想在短期内做出一条合适高校主体的内容，就需要有充足的素材库存。运营者要做到对微信后台所存的素材心中有数，知道学校的哪些故事、事件与此条热点贴合，在日常工作中，也可按主题、时间、人物等将库里的素材进行分类，当有消息需要快速编排时，能手到擒来。

案例 4：武汉解封一周年的热点推送

在 2021 年 4 月 8 日武汉“解封”一周年之际，武汉大学官方微信推出《重启一周年，听樱花树下最美的歌！我和我的学校·红色记忆》，将武汉重启一周年热点与“我和我的学校”活动相结合，以红歌的形式回顾了全国医疗队在最艰难时的援手。百年恰是风华正茂，未来仍需风雨兼程，推文表达了武汉大学传承百年红色基因，弘扬伟大“抗疫”精神，永葆鲜活红色记忆的态度。（图 8-6）

图 8-6
武汉大学微信视频截图

案例 5：《新闻联播》镜头细节引发的热文

在 2017 年全国精神文明建设表彰大会上，《新闻联播》中播放画面的一个细节引起了全国人民的关注和点赞：习近平总书记为 93 岁的交通大学校友黄旭华院士拉开椅子，并一再邀请他坐到自己身边。这是一份对共和国老一辈科学家和建设脊梁的关怀和尊重。上海交通大学官方微信捕捉到了这个细节，及时从直播画面中截取并制作动图和视频，挖掘黄旭华院士的成长故事，完整演绎和呈现了黄旭华院士生动的事迹。推文《演讲视频来了｜习近平总书记为他拉开椅子，这位交大校友，得到最高礼遇！》一发布，便引起全国粉丝的支持，大家纷纷给习近平总书记的这个行为点赞，也向黄院士表达了尊敬和祝福。此篇内容阅读量已超过 20 万。这类基于校友事迹，引发全社会讨论的话题，展示了新媒体平台的价值传播能力。

案例 6：社会热门炫富“摔跤照”

2018 年，行各业“不小心摔了一跤”的炫富照在各大社交平台刷屏，各大高校也纷纷出招花式摔跤炫富，师生参与度极高。北京大学的“运动炫”、复旦大学的“课题炫”、上海交通大学的“奖状炫”、南京农业大学的“种子炫”……在跟随热点中展现了各高校专业特色，也向各界传递了高校师生对专业、学校的热爱与情怀，成为传递社会正能量的火爆话题。（图 8-7）

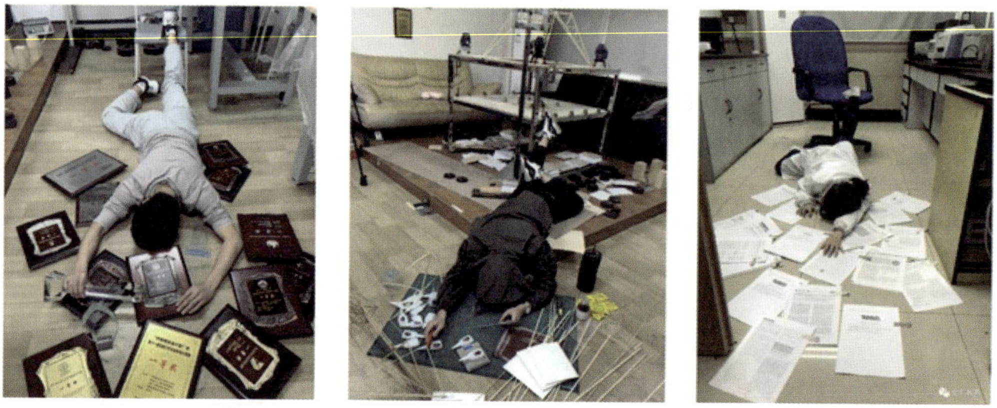

图 8-7 各大高校“炫富摔”照

3 自造热点

※ 自造热点重要意义

高校融媒体发展接近十年的时间，着力营造属于高校特有的文化氛围。我们在日常工作中结合融媒体传播特点，巧妙地将我们想传递给公众的信息传播出去，在这个过程中需要有高校的定位和尺度，不要陷入片面追求热点和博眼球的不当行为。策划热点是各高校新媒体融合发展与探索的焦点、靶点与突破点。

※ 自造热点方式

每一篇原创内容，都是灵感的一时捕捉、风景的多角采集、文字的细腻表达，无论是日常记录，还是节日节点，都需要提前用心策划选题创意和落实内容。同时，在自媒体内容同质化严重的大背景下，策划大众类选题时，应注重将普适的话题与学校的历史、事件、人物相结合，打造出独特性和亮点。新媒体在此过程中可以抓住大众关注重点，策划重磅热点选题；结合校史资料，发布文史类选题；用心讲好故事，以情打动读者；同时也应保持原创选题的质量和频率。

案例 7：四川大学系列推送

四川大学在 2020 年上半年，接连推出了三篇以校区名字命名的文章，依次是《华西。华西。》《望江。望江。》《江安。江安。》，三篇文章均达到了 10 万 + 的阅读量。这三篇内容在风格上独树一帜，在文字上并不是常见的校史回顾、科研成果等传统的介绍内容，而是类似散文徐徐展开，对校园风景、师生记忆、生活感受等方面的描写，搭配上时而绚烂瑰丽、时而人文温情的校园照片，让读者认识了“鲜活”的大学。（图 8–8）

图 8-8　四川大学三篇推文截图

案例8：北京大学别出新意的原创歌曲

北京大学在2020年3月29日推出《把16篇鲁迅写成了一首歌，网友：太北大了！》。推文是北京大学本科生把《野草》的16篇散文诗写成了一首说唱歌曲，并通过视频的形式展现给大家。歌曲MV上传到网络后已有超200万的播放量，网站弹幕上网友评论道：“每天都来听一遍”“越听越上头”，还有老师把它搬上了语文课堂。北大是鲁迅任教时间最长的学校（1920—1926年），而《野草》正是这期间所作的，出自鲁迅先生之手的校徽，亦陪伴北京大学至今。（图8–9）

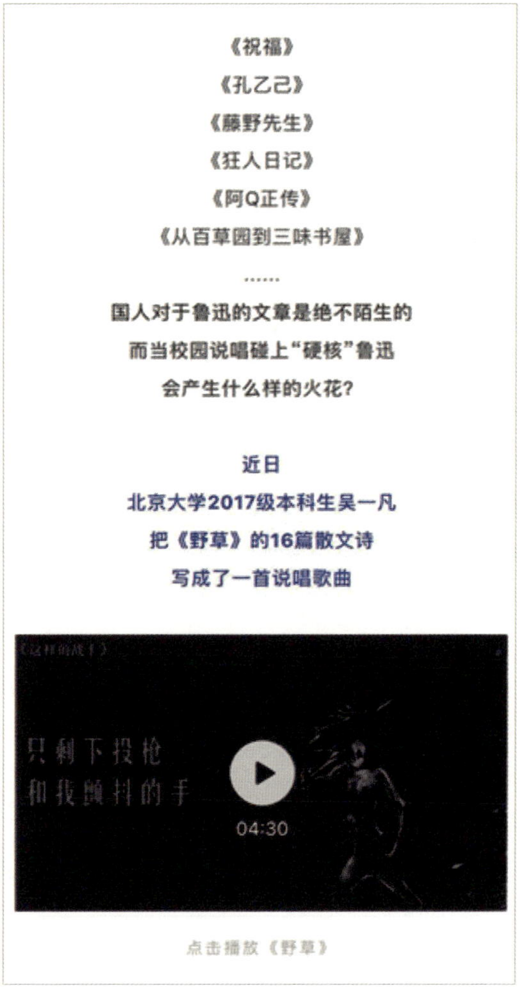

图8-9
北京大学推文

案例9：结合热点推送知名校友故事

《他是国家最高机密！隐身40年，与魔鬼较量，让世界震惊》，浙江大学校友程开甲的故事感人至深。他早年在炮火连天的祖国求学，种下科技报国的种子，后来放弃优渥国外待遇回到一穷二白的祖国，扎根戈壁投身核试验……他的精神激励着一代代青年学子。（图8-10）

图8-10
浙江大学推文

案例 10：老照片的别样翻拍

《惊艳了时光 西南交大百年今昔对比照》引爆朋友圈，始建于 1896 年的交通大学2016年迎来120岁生日，两岸五所交大（北京交通大学、上海交通大学、西安交通大学、西南交通大学、台湾新竹交通大学）首次共庆 120 周年。继上海交通大学官方微信发布了一组不同时期交大学生的珍贵老照片后，3 月 25 日，西南交通大学也公布了不同时期交大学生的珍贵老照片。同样的学府，不同的时代，同样的场景，不同的学子，一时开启了大家记忆之门，将思绪带回当年求学时的纯真场景，同时也感叹当下学子们的意气风发。此条内容一经推出，迅速达到 10 万 +，后续得到社会媒体的转载与发酵，形成了阅读量达 10 亿次的广泛覆盖度。（图 8–11）

图 8-11
西南交大校庆热点“今昔对比照”

4 热点巧妙回应转危为机

·校园舆情与新媒体
·高校新媒体应对舆情方式

※ 校园舆情特点

新媒体的发展，使得校园舆情的传播规律也发生改变。很多高校的舆情事件，通过新媒体平台，引起全社会的关注，这样的案例不胜枚举。在传播正能量上，新媒体是扩音器，同样发生舆情事件，新媒体也是助推器。因此，以网络新媒体为主导，实现网络生态育人具有重要而现实的意义。

高校网络舆情的新媒体时代特征有：舆情主体的个性化与群体性；舆情内容的多元性与复杂性；演变的快速性与可控性等。

※ 高校新媒体应对舆情方式

在大学校园，有效整合“主流”和“民间”两个舆论场是高校新媒体工作的重点和难点。因此高校对待联盟和平台的理念应是开放包容，建设具有强大传播力和影响力的主流舆论场，以及由自媒体平台、BBS、社区、贴吧组成的民间舆论场。创作大批正能量的网络作品，为“主流”和“民间”两大舆论场源源不断地输送正能量的内容，营造风清气正的新媒体环境。

高校新媒体需要以“立德树人”为目标，着力从体制、平台、内容、品牌等方面率先突破和尝试，发挥网络生态育人作用，在社会中形成示范和引领地位。

案例 11：

2019 年，上海交通大学“土味”招生视频走红，“别人家的菜鸟驿站”成为了大学招生利器。网友纷纷在视频下留言：“看看人家的菜鸟驿站！”“圈粉了！真的超棒！”“交大给你多少钱？我浙大给你双倍！”……这种略带自嘲、接地气的“别样”宣传视频被高校新媒体巧妙利用，不仅体现了交大的历史、师资和办学水平，也让交大校园智慧物流中体现的科技创新广为人知，达到了出人意料的宣传效果。（图 8-12）

图 8-12
上海交大招生视频引网络热议

5 热点的误区

·新媒体追踪热点常见误区
·热点的正确打开方式

新媒体是时代发展的产物，也是传播社会热点的主力军。但高校新媒体更应清楚，网络文化的多元丰富化、价值的多样性深刻地影响着社会成员的文化认同和价值选择。因为受众的独特性，高校新媒体在热点中需要注重加强互联网内容建设，建立网络综合治理体系，营造清朗的网络空间。

※ 热点的误区

并不是所有热点都可以追踪。热点是否正面，是否符合“高校”这个平台形象，都是需要运营者们三思的。如果盲目追热点，跟潮流，不考虑自己的定位，很容易让新媒体在运营中舍本逐末，有时更会带来舆论风险。高校新媒体在运营过程中要寻找与自身较契合的热点，也可以自造热点，从而进行价值文化的引导和传播。

※ 热点的正确打开方式

（1）把握热点，及时采编。高校新媒体账号对重大新闻事件应高度敏感，团队对信息变化、热点追求要及时。

（2）深度挖掘，凝聚共鸣。做新闻一定要注重细节。好的新媒体能够很好地挖掘细节，让读者从中感受故事背后的文化与精神。

（3）融合传播，全面辐射。高质高效的新媒体运营团队，应根据舆情热点的发酵传播梯队，建立每天值班制度，进行热点追踪，并将相关信息同时发送其他媒体平台，联合进行主题策划，各自进行内容编辑、统筹及信息发布，实现各个新媒体渠道之间的联动整合。

案例 12：

围绕中华人民共和国成立 70 周年、纪念五四运动 100 周年，上海交通大学在全国高校范围内率先开展“青春为祖国歌唱”网络拉歌活动。作为全国首批发起拉歌活动的三所高校之一，交大在节点、氛围、声势和关注度中均抢占先机。2019 年 3 月 31 日上午 9 点，交大官方微博首发全文《交大师生发起网络拉歌，献礼祖国华诞……》，并通过校际联动、转发、评论等方式，与网络大 v、兄弟高校以及粉丝积极开展互动。官方微信结合“青春放歌，表白祖国”等主题及关键词，同步推出主题为“大片首发！在最美的青春，和 30 万交大人一起为祖国歌唱！”的图文、视频内容，彰显交大人青春洋溢的精神风貌。基于抖音、微视等，官方短视频平台进行视频剪辑二次创作，凝练聚焦“青春为祖国歌唱”“高校拉歌”等主题，在首发全片的基础上，持续发布数条花絮内容，在师生和校友中引起强烈反响和广泛好评。（图 8-13）

图 8-13
《上海交大，青春为祖国歌唱》成为网络热点

小结与经验

借势是新媒体运营的重要特点。抓时间节点，需要提前策划，在形式上努力创新；抓社会热点，需要敏感而谨慎，把握清楚热点和高校自身的关系。不管抓时间节点还是抓社会热点，看似是“快功夫”，实则绕不开各方面日常积累的“慢功夫”。自造热点需要“久久为功”，对内容持之以恒的酝酿，形成具有高校自身特色的系列推文，精准把握发送时机。对于校园舆情和热点误区防范，更多的是从工作机制上做好预警和审校。

媒体
重塑高校
影响力

第九章 我是这样有品位的热搜

微博热搜代表了微博平台用户最为关注的话题，发挥了传播学中的议程设置功能。热搜能够让高校教育类话题突破既有的圈层，成为社会特点，策划积极正向具有全网影响力的话题，无疑将会助力高校声誉提升。

1 热搜中的“网红”高校

·微博热搜的人群特征
·高校微博热搜关键词

根据微博在 2020 年 10 月 19 日发布的数据，微博月活跃用户达到 5.23 亿，日活跃用户达到 2.29 亿，其中 30 岁以下的用户占比近 8 成，是目前国内最大的信息获取、分享和传播平台之一，并在高校学生群体中有着强大的影响力。

微博热搜作为微博平台使用率最高的功能板块之一，可以让公众在最短时间内获取社会热点信息，其话题吸睛量惊人，阅读量常常能在很短时间内达到上亿甚至十几亿。微博热搜是依据关键词搜索频次对用户搜索行为进行量化处理，将阅读次数、讨论次数和原创人数三个指标进行计算后生成的。

微博能够为网民构建全网影响力平台，而不完全受好友关系的制约。根据新浪微博发布的《2021 年上半年热搜趋势报告》，热搜大部分用户的年龄在 19~29 岁（图 9-1）。因此，在网络新媒体环境下，微博热搜无疑是各高校宣传自身、塑造影响力的重要渠道，许多高校学生也会为学校因正面事件登上热搜榜而感到自豪。

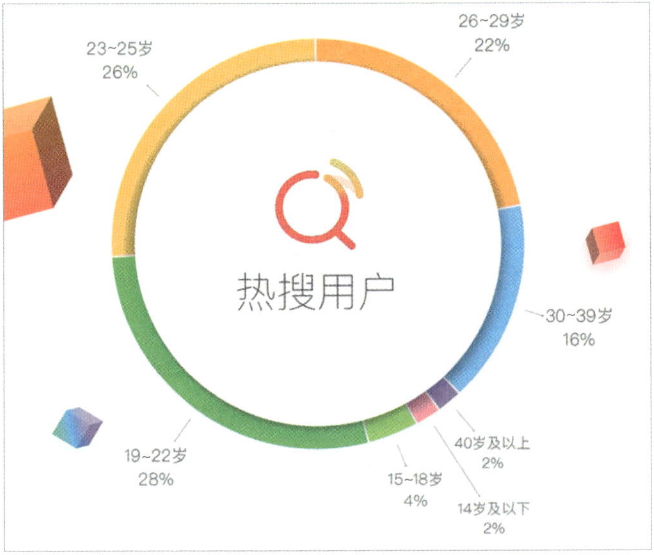

图 9-1　微博热搜用户年龄分布

我们以“高校”和“大学”为关键词，对 2020 年 1 月 1 日至 2021 年 1 月 25 日的微博历史热搜数据进行了统计，相关热搜话题达到 989 条，平均每日上榜 2.3 条。也是就是说，基本每天都会有与高校有关的话题出现在微博热搜榜上。一批高校也因为不断登上微博热搜榜而成为“网红”高校。

近年来，微博热搜因常被娱乐圈霸榜而受到一些批评，微博平台本身也在不断改革和调整，着力推荐更多体现主旋律、正能量的热搜话题。在这其中，高校因其本身行业属性带有更多的教育、学习、科研、成长、励志等导向，且有着数量庞大的学生受众群体，而受到越来越多的关注和推荐。特别是 2020 年新冠肺炎疫情以来，随着线上教学的开展，如今的微博热搜出现了更多的教育类话题，其社会价值和影响力进一步扩大，高校正面热搜频频出现在热搜榜上，也让社会公众看到了高校的社会责任和担当。

※ 哪些高校最具热搜体质?

根据南都大数据研究院对 2018 年 1 月 1 日至 2020 年 7 月 5 日微博历史热搜数据的统计，包括牛津、剑桥、哈佛等国际知名高校在内，有 200 多所高校的名字出现在微博热搜话题中。不过其分布也相对集中，热搜次数最多的前 15 名高校占了所有高校热搜话题的六成。①

从数据来看，清华大学、北京大学无疑最具热搜体质，武汉大学、浙江

①高校热搜大盘点：15 所高校承包六成话题，清华北大武大最常上榜 [N]. 南方都市报 ,2020-7-9.

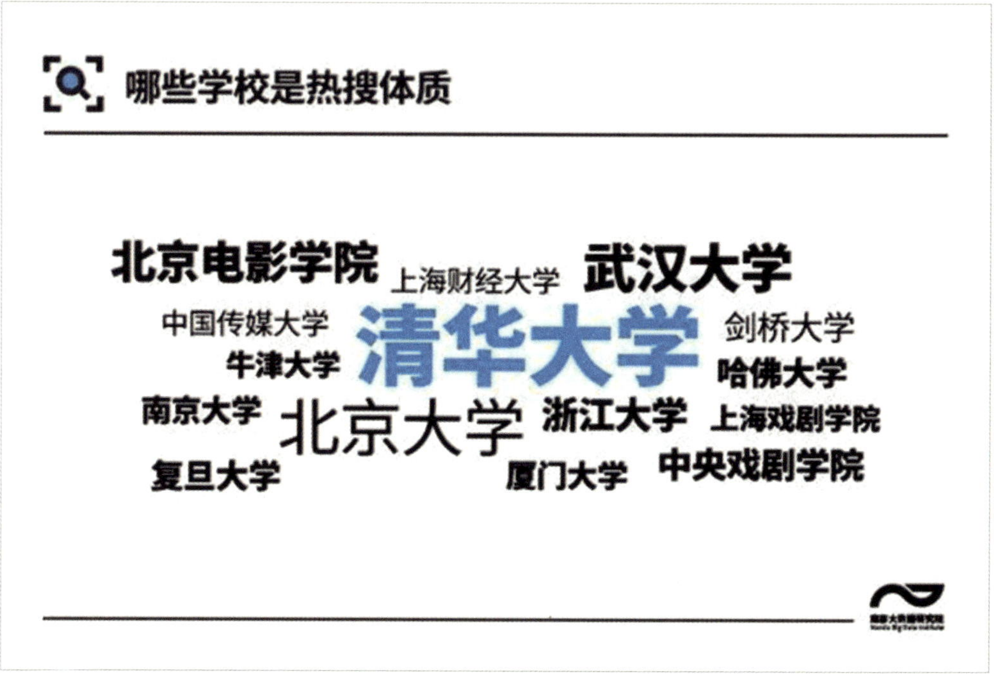

图 9-2 微博高校热搜词云

大学、北京电影学院、中央戏剧学院、厦门大学、南京大学、复旦大学等高校同样也是微博热搜榜的“常客”（图 9-2）。

※ 高校热搜的话题分类

近年来高校热搜话题集中于重大节日庆典活动、独特校园景观、知名校友以及出圈的教师学生等。以上海交通大学 2020 年热搜话题为例，“上海交大毕业典礼（2020 年）”“上海交大建校 124 周年”“上海交大 25 岁博士奶爸”“上海交大现共享汽车起步价 3 元”等均属于以上范畴。

案例 1：B 站神仙老师

B 站作为自媒体用户活跃的平台，在娱乐化视频之外也出现了很多高校“神仙”老师出圈的干货视频，例如获得 2020 年 B 站百大 UP 主的中国政法大学教授罗翔老师，通过独特的个人风格与教授方式，凭借金句频频登上热搜。罗翔老师 B 站账号“罗翔说刑法”粉丝超过 1200 万，热门视频播放量超过 300 万。他将严谨的学术问题与趣味的视频结合，真正做到了学术界的“出圈”。（图 9-3）

另外，不容忽视的一点是，微博是人人皆可参与的舆论场，负面新闻也

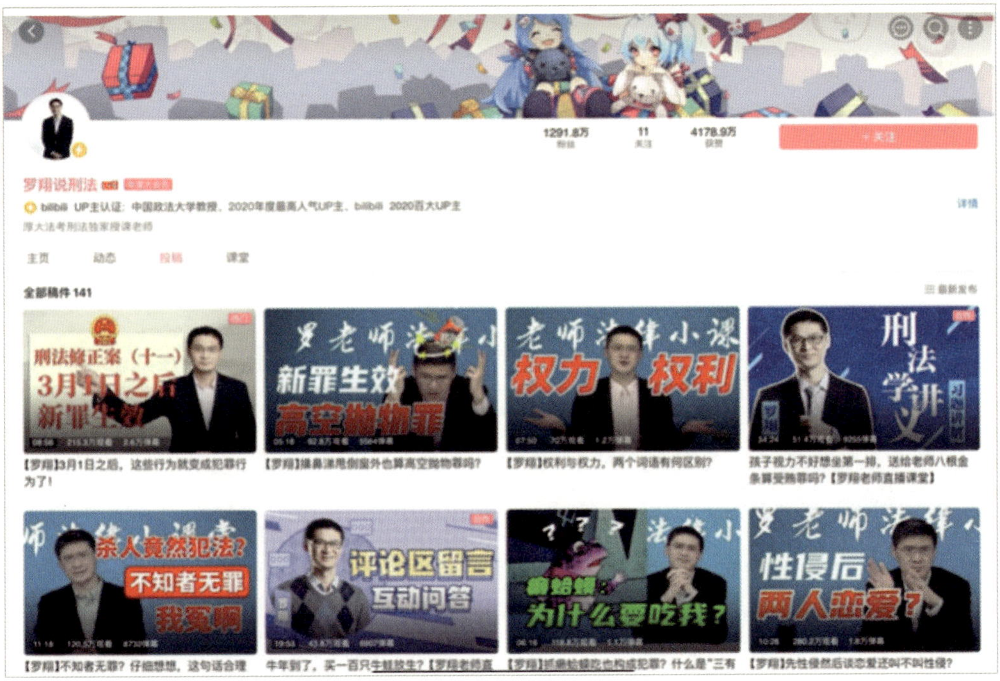

图 9-3 罗翔教授“罗翔说刑法”B 站主页

会成为公众热议的对象。高校新媒体工作者也应及时关注社会热议事件，在热搜的负面事件中提取公众对于负面事件的态度与看法，通过负面事件推动学校管理改善。

2 如何上热搜

- 结合时事，选好题材
- 用好多平台全媒体传播“组合拳”
- 营造人设建设独特高校 IP

微博热搜是各高校宣传自身、塑造影响力的重要渠道，而高校也有责任去挖掘自身的话题资源，让更多体现社会主义核心价值观，体现中国大学优秀文化的高校话题登上微博热搜。那么高校应该如何主动策划，登上热搜呢？

首先，让我们来了解下微博热搜的原理和特点。微博热搜是一种在网络信息推荐机制下事件和热词搜索的排行榜。当一个社会事件或者热词引起广泛关注，被微博用户频繁搜索，带动访问量激增就会登上排行榜。微博热搜话题每分钟更新一次，以一定时间内的话题内容搜索量、转发量、评论量、点赞量为指标进行不断统计更新。这些量化指标频次越高排名也越高，热搜话题就会越靠前，能够快速地吸引用户关注和参与，而关注度和参与度提升又能够助推话题的热度和排行，形成了热点关注度的“马太效应”——越是排行推荐靠前的热点事件，越容易被点击浏览，越容易得到快速传播，从而受到更广泛的关注。

通过微博热搜，用户可以快速获知当下最热最火的话题，这个排行推荐过程中体现着现代快节奏生活所必需的效率理念，所以微博热搜已然成为人们尤其是年轻群体认知社会的重要信息来源。

梳理分析近年来较为典型的高校正面热搜案例，可以发现以下几项特点和规律。

※ 善抓时间节点 “巧”扣主旋律

高校话题在网络新媒体上的信息传播，有着鲜明的时间节点性特征，招生、开学、毕业等阶段无疑是高校话题最受社会关注的时间节点。从招生时各高校特色录取通知书大比拼，到开学时的特色迎新、校长讲话，再到毕业时的暖心礼物、学霸故事，高校话题往往会在相应的时间节点“霸屏”微博热搜榜。善于抓住这些时间节点，才能成为热搜下的“网红”高校。

那在同一个时间节点，高校如何让自己“出圈”，收获流量与口碑？2018 年，清华大学推出立体录取通知书，打开后一座微型立体“二校门”跃然纸上，迅速火遍全网，也掀起了一年一度的高校特色录取通知书大比拼热潮。（图 9-4）

2019 年天津大学、深圳大学推出 AR 录取通知书，2020 年南开大学录取通知书送新生两粒莲花种子（图 9-5），中国科学院大学录取通知书带来宇宙声音，南京大学录取通知书为贫困县鲜花“带货”，上海大学推出校徽盲盒版录取通知书……都曾不断登上微博热搜榜。

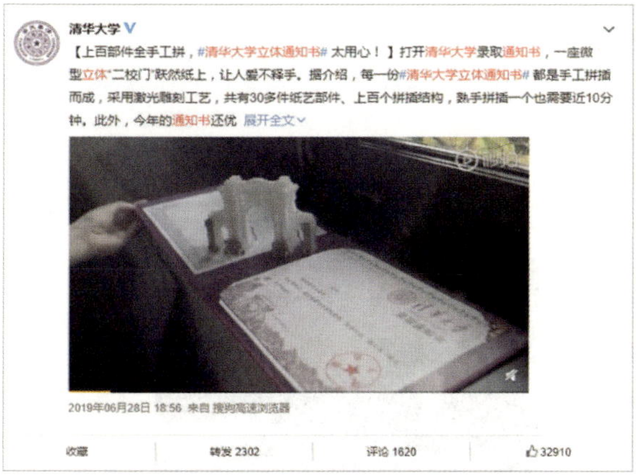

图 9-4 清华大学立体录取通知书

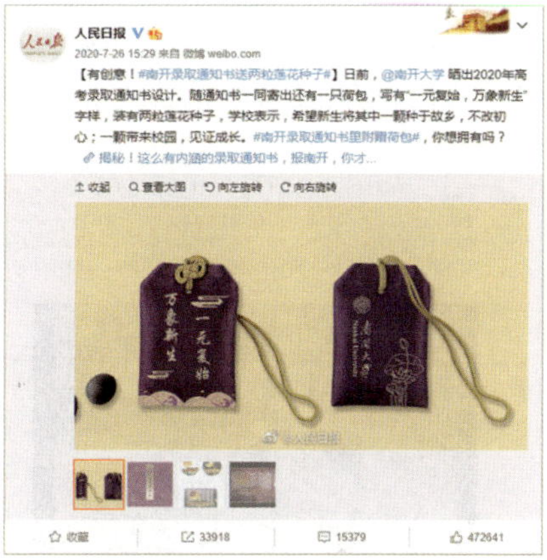

图 9-5 南开大学新生大礼包

录取通知书是新生走入大学生活的起点，各高校在比拼“巧妙”创意的同时，其实也在比拼如何以通知书为桥梁扣住“立德树人”的主旋律，向新生传递大学的理念与精神。而陕西师范大学自 2007 年起坚持由老教授为新生亲笔书写录取通知书，也数次登上微博热搜，这何尝不是“大巧若拙”（图 9-6）。

图 9-6
陕西师范大学手写录取通知书

除招生、开学、毕业等高校本身自带流量的时间节点外，全社会性的时间节点同样是各高校可以主动把握的契机。如 2021 年的春节前夕，在疫情防控不放松的形势下，全国普遍号召就地过年，而高校如何妥善安排学生放假和返乡就成为了一个全社会的“逆向”关注点。东北财经大学包机送大学生回家、武汉大学为返乡学子免费检测核酸的新闻在这一时间节点冲上了热搜（图 9-7）。抓的是春节前全国加强疫情防控的时间节点，“巧”扣的依然是助力疫情防控大局、关爱学生的主旋律。

图 9-7　武汉大学、东北财经大学温暖学生回乡路新闻

※ 注重人文关怀 做“别人家的大学”

近年来，人文关怀，成为了社会谈论高校的一个“关键词”。特别是在网络新媒体时代，人文关怀所引发的情感共鸣，往往会带来巨大的传播力量。而一所大学人文关怀的背后，体现的是其所秉持的价值观与文化追求，对于青年学生群体和整个社会都有着重要的影响力。

2017 年，从小身患残疾并在童年遭遇父亲亡故的甘肃考生魏祥，在报考清华大学时以公开信形式提出了一个“小小”的请求，因身体状况仍离不开母亲的陪伴与照料，希望有意录取他的清华大学能为他和母亲两人提供一间宿舍。清华大学招办第一时间回应将为他提供资助，“不会让任何一位优秀的学生因为经济原因辍学”，并回信《人生实苦，但请你足够相信》，充满对历经苦难依旧不放弃的一个年轻人的梦想的珍视（图 9-8）。新闻刷爆网络。这一事件也入选了微博年度影响力事件。

图 9-8
清华大学回信甘肃考生

2018 年，81 岁高龄的薛敏修从天津大学电子商务专业本科毕业，天津大学请其作为毕业生代表在毕业典礼上发言并邀请媒体观礼。她说：“生命的意义就在于不断挑战自己，完善自己……”学霸奶奶的励志故事被众多媒体报道并登上微博热搜榜第 1 位，给无数青年学子带来正能量（图 9-9）。

2020 年湖南耒阳留守女生钟芳蓉以 676 分高考成绩报考北京大学考古专业引发关注，有网友担忧学考古这种冷门专业没“钱途”。北京大学回应，“欢迎钟同学报考，授业于田野之间，树人于实践之中。愿你在北大考古找到毕生所爱，我在大学等你”，并引发“半个考古圈”发声支持钟同学。这一话题同样火遍全网，并引领了全社会对于大学专业选择的讨论与反思（图 9-10）。

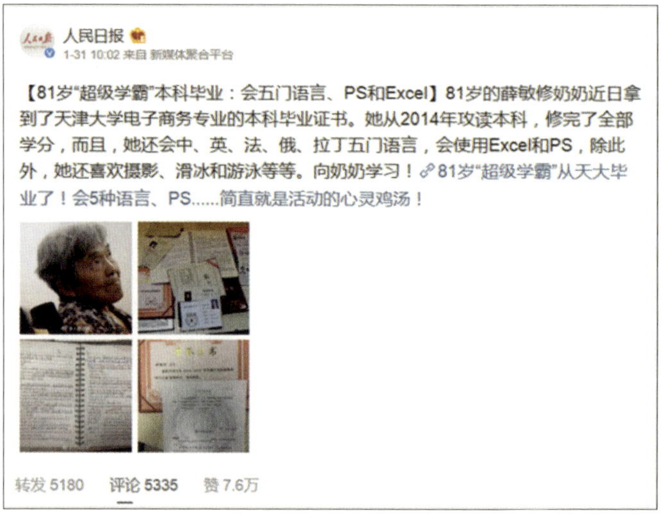

图 9-9
天津大学 81 岁“超级学霸”本科毕业新闻

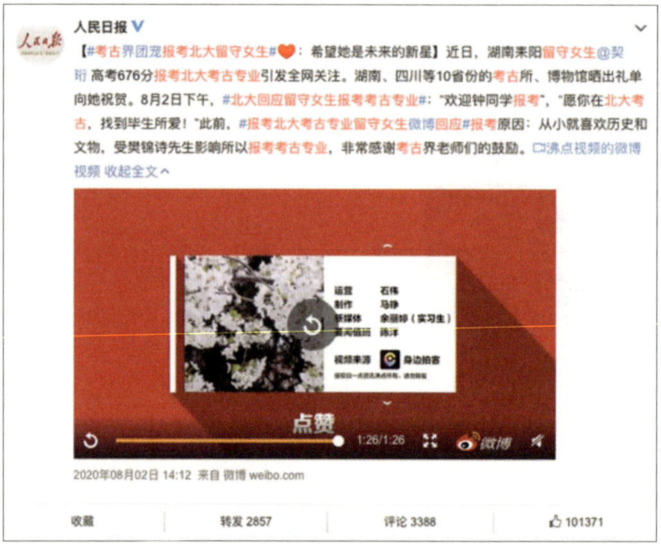

图 9-10
留守女孩报考北京大学考古专业

以上案例之所以能够成为产生强大传播力的全网热搜话题，一方面，因为高校在其中所展现的人文关怀，于青年群体中激起了强烈的情感共鸣，同时对整个社会也有着重要和深远的价值引领作用。

另一方面，通过梳理微博热搜案例，不难发现，各种花式宠学生的“别人家的大学”，是微博热搜上最常见的高校话题。

2020 年毕业季，因为疫情很多高校毕业生无法返校毕业，心中无疑会有遗憾。而各高校如何给予这些毕业生们更好的人文关怀，引导他们更加积极地面对这场特殊的毕业季，减少他们心中的遗憾，也是一场大考。（图 9-11）

图 9-11
高校为无法返校的毕业生采取的暖心做法

北京航空航天大学为不能返校的毕业生邮寄学位服，邀请他们在家参加“云”毕业典礼；大连大学 3000 余名毕业生无法返校，全体教师在寝室通过视频确认后，含泪帮学生打包行李；湖南师范大学承诺为缺席毕业典礼的毕业生安排专属通道，今后每一届毕业典礼都可回校参加并由校长拨穗；哈尔滨理工大学为毕业生准备了 8000 份无限期饺子券，欢迎毕业生待疫情结束后回母校吃饺子……这些高校对毕业生的关爱举措，都成为了微博热搜话题。(图 9-12)

图 9-12　别人家的大学

而在日常校园生活中，体现对学生人文关怀的，既有各高校长期坚持的特色做法，也有不断涌现的创新举措。广西医科大学、武汉科技大学连续十余年请师生免费吃鱼；天津大学自 2002 年起每年春秋两季向全体学生免费发放水果；河南洛阳理工学院连续 11 年为贫困生发放过冬棉衣……都曾多次登上微博热搜榜。

处于人生学习成长阶段的高校学生，既是一个特别需要人文关怀的群体，也是一个会因对人文关怀的认同而产生强烈感情共鸣的群体。对于各高校来说，在日常校园生活中努力挖掘和传播具有人文情怀的举措与故事，面对热点事件时以更高的人文情怀来回应，将更容易获得青年学生和社会的认同，收获更多正能量的微博热搜话题。

※ 释放师生“草根”力量 多些细水长流

网络新媒体时代，人人都是“记者”，人人都在发现、记录、创作、传播和评论。微博热搜榜上，越来越多的话题源自于网友的发现、创作和爆料，对于高校来说，仅仅依靠学校宣传部门的力量来“上热搜”也是不够的，需要走进师生群体中，正确引导和释放他们的“草根”力量，鼓励他们善用网络新媒体塑造和传播带有正能量的网络热点，这样才能为学校的影响力塑造带来更多细水长流的力量。

如清华大学社会科学学院院长、心理系主任彭凯平，在 2020 年就成为了一位“赋能破圈”博主（图 9-13）。他多次参与“什么是内卷”“家长群

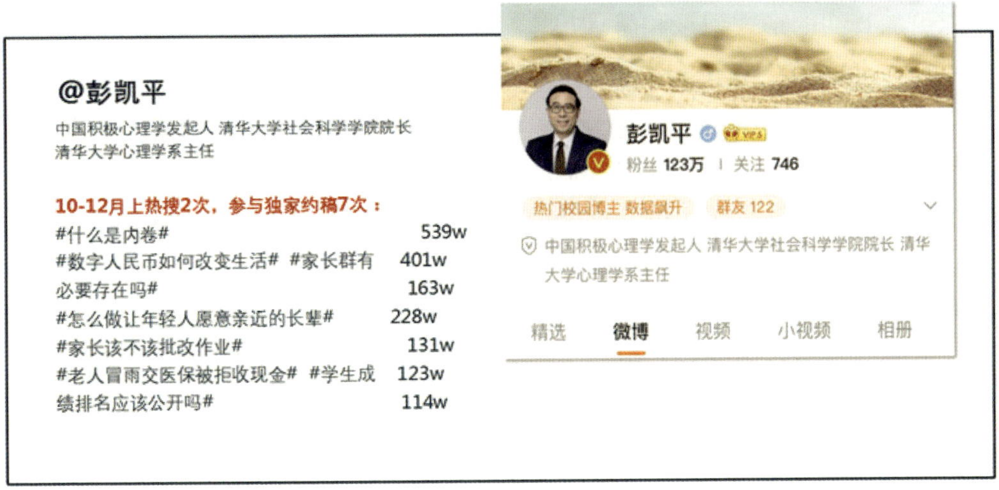

图 9-13 高校教师参与热点话题讨论

有必要存在吗”“家长该不该批改作业”“学生成绩排名应该公开吗”等社会焦点话题讨论，数次登上微博热搜榜。

北京现代音乐研修学院在校生陈俐卓，组建宿舍乐队“天韧乐团”，创作的视频作品登上微博热搜榜并衍生多个热门话题（图 9-14）。师生通过自身的知识与热爱，在微博平台传播和塑造个体形象的同时，也在为所在高校的影响力塑造“赋能”。

图 9-14　高校学生制造热搜话题

与此同时，面对校园生活中海量的信息和转瞬即逝的“现场”，更需要师生在第一时间发现、记录与传播，以他们的视角来发现身边的美好和感动，并以更加真实的形式记录和呈现出来。

2018 年 1 月，天津大学食堂一名员工小姐姐，因被部分学生叫阿姨，贴出告示“不准叫阿姨”，并以纸条形式与学生幽默互动。这一校园生活中“原汁原味”的美好与欢乐就被学生视频记录了下来。经媒体报道后，引爆了网络并登上微博热搜榜第 1 位，视频播放量达到 1770 万次（图 9-15）。

2020 年 12 月，郑州西亚斯学院 76 岁的吴灵芬教授在课堂上饱含激情指挥的一幕被学生用手机拍摄下来，这一“现场视频”在微博上迅速走红，引发众多网友点赞（图 9-16）。

这类反映校园生活的“身边”话题，看起来也许有些“可遇而不可求”，但如果各高校能够面向师生群体，通过合理的引导、激励，形成发现、记录、投稿、传播等有效的机制和链条，必将成为学校热点传播中源源不断的“活水”。

图 9-15
天津大学网红“小姐姐”

图 9-16
走红网络的教授

3 热搜中的朋友圈

·校内外传播媒介联动
·联合知名校友实现“出圈”

随着 5G 时代的到来，网络进一步普及化和日常化，信息的传播速度加快，信息传播的覆盖范围愈发变大，新型的宣传方式与媒体平台也在不断发展与扩张，仅靠单一路径的宣传已经不能适应如今的信息化时代。热搜中不同传播属性的主体之间形成了“朋友圈”，这之中的交流合作也成了新媒体传播的新手段。

在近年来的高校热搜话题中，基于互动性的“朋友圈”运营案例越来越多，不论是各高校官方微博联动，还是高校官方微博主动与媒体大 v 加强互动，都可以产生非常强大的流量。

※ 结合热点话题开展校际联动，让高校“话题”冲上热搜

2018 年 6 月 23 日，正值高校招生季，山东大学发了一条看似平平无奇的招生宣传抽奖微博，却通过高校官方微博“朋友圈”的互动，开启了一场高校花式抢人大战。在山东大学之外，众多高校官方微博纷纷下场，用更加年轻化、趣味化的网络语言在评论区晒出本校的特色，各种“求 pick”“求捞”，拉近与考生的距离，并引发点赞评论大比拼。单条微博转发量 4 万 +，评论数 7 万 +，“# 山东大学发了一条微博 #”也登上热搜。微博成为全国高校招生“抢人”的大秀场。

2019 年 2 月 6 日，40 多所高校官方微博集体联动，共同发出了一张“高校群”中的拜年图，接力为自家师生校友和全国网友送上新春祝福，并展开文采大比拼。这种新鲜好玩的方式引发众多网友关注和热议，“#40 所高校集体拜年 #”在微博上迅速刷屏。网友们吃惊，“高校咋还有群？”高校们回应，“那当然。”“喜欢吗？”（图 9-17）

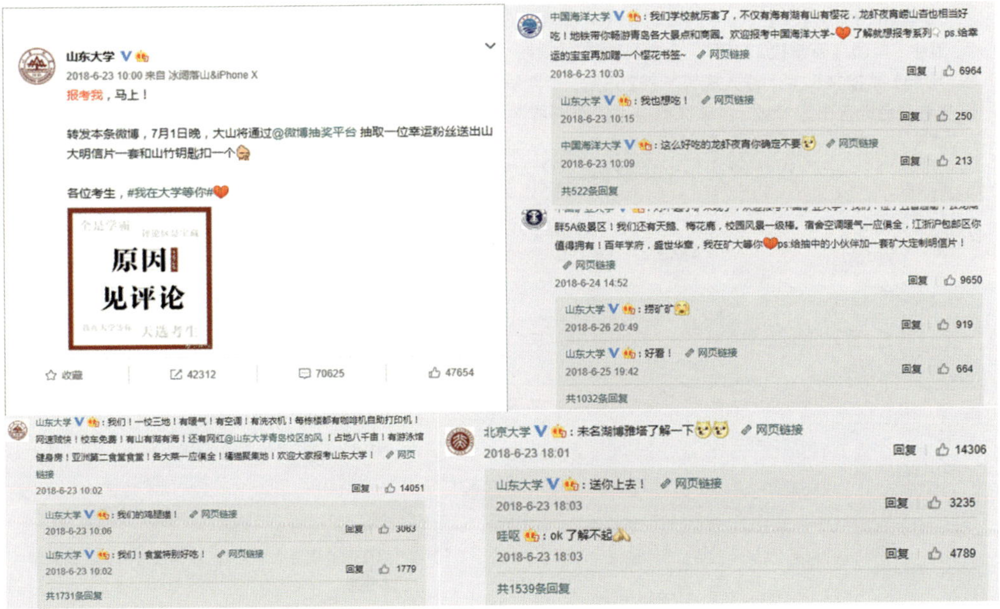

图 9-17　高校官微花式晒福利

※ 牵手媒体大 v，实现高校宣传“出圈”

高校官方微博的传播范围相对有限，而许多高校热点信息涉及的内容是高校官方微博既有覆盖范围所不能完全抵达的，这势必需要其他媒介的参与来拓展信息传播的范围。

因此，高校官方微博主动与媒体大 v 进行互动，同样是形成高校话题热搜的有效方式。2020 年 7 月 9 日，教育部发布 2020 年全国高校名单，各高校官方微博“转移阵地”，在人民网发布的微博评论区下集体留言抢人，同样带动了“#2020 年全国高校名单 #”上热搜。

虽然各高校官方微博的粉丝以本校师生校友为主，但借助微博“弱关系”下的互动优势，以“朋友圈”的形式进行互动策划，可以更好地点燃起各校粉丝之间的互动热情，并吸引媒体大 v 和全社会的关注，从而形成微博热点。

在微博的“江湖”中，各高校在运营好自己官方微博的同时，还需要主动建立和融入微博热搜的“朋友圈”，加强联动策划，才能拓展更大的影响力。（图 9-18）

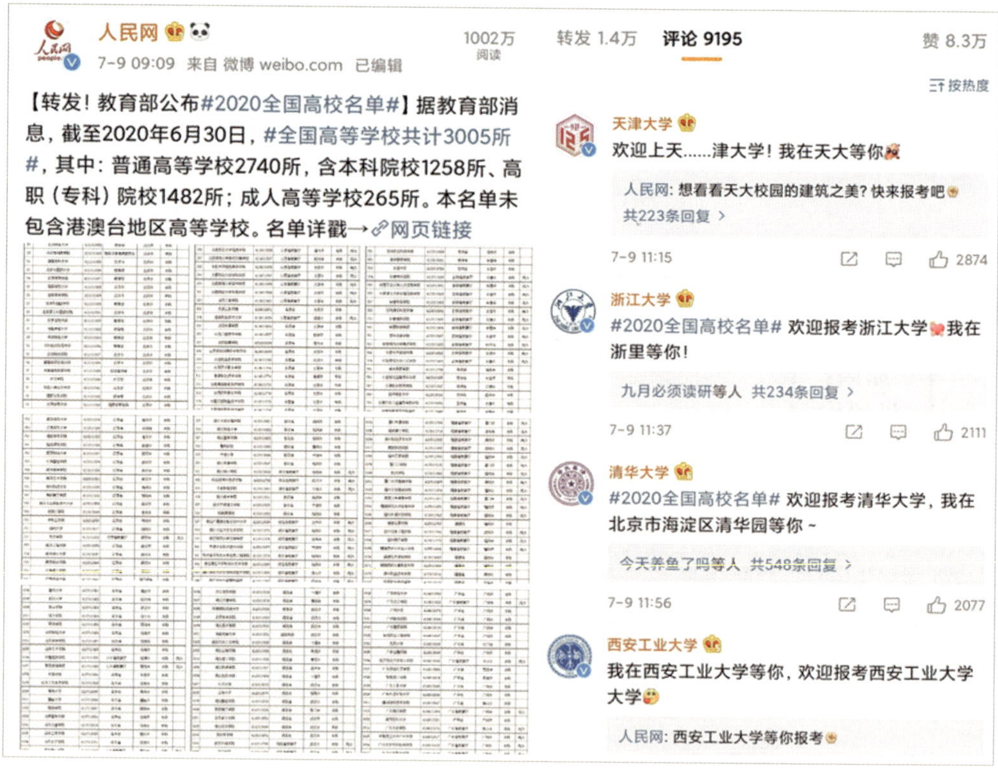

图 9-18　微博评论区的互动登上热搜

※ 联合知名校友与公众人物，助推高校上热搜

“十年树木，百年树人”，高校培养出的人才就是这所学校的缩影，高校所具有的不同领域的丰富校友资源也是其朋友圈中的重要一环。公众人物的影响力与高校传统宣传形象结合，必将产生“1+1>2”的宣传效果。近年来一些在不同学术领域的高校知名校友或者学生成为网红人物，在一定程度上也是对高校的育人水平与办学理念的侧面展示。同时与社会公众人物的互动，也会产生新的宣传内容，也可以成为一种新的宣传方式。

案例 2：外交部发言人赵立坚点赞天津大学

2020 年 12 月 28 日，一场大型无人机集群表演在天津大学校园上演，它由全球智能工业级无人机领军企业一飞智控和天津大学共同完成，并创造了全球“最长时长无人机表演的动画”这一全新吉尼斯世界纪录。天津大学官方微博针对这一重大活动，策划发布了系列微博，展现了自立自强、不断突破、超越自我的中国科技力量。其中一条内容被外交部发言人赵立坚的个人微博所转发，在海内外引起了更广泛共鸣。（图 9–19）

图 9-19
外交部发言人赵立坚微博祝贺天津大学

小结与经验

热搜中的朋友圈为高校宣传提供了新的思路，高校新媒体应抓住朋友圈中各个主体的多样性，通过不同的宣传主体，多样的宣传手段，覆盖更多的领域与人群，达到单一主体无法达到的宣传效果。

具体途径有：建立完备的多平台全媒体的宣传模式，改变单一割裂的媒体发布信息方式，结合宣传内容的类型有针对性地寻找相似的协同宣传主体，利用好“人力”资源，校友大 v 既可以成为宣传的内容，也可以打造全媒体下的新宣传模式。

媒体重塑高校影响力

第十章 快来做不一样的短视频

网络短视频时代汹涌而来，背后伴随着信息传播渠道的变化、大众审美风向标的转动与视频制作技术的更新。用创意新颖、内涵深刻、制作精良的短视频讲好生动的故事，能够最直接地展示学校风貌，拉近与受众的心理距离，不仅能够帮助大众对学校产生基本认识，更能让一所学府的气度深入人心。

1 短视频平台选择

·不同平台的定位与传播规律比较
·如何为短视频选择最适宜的播放平台

当今时代，短视频应用软件在绝大多数人手机应用中占据了半壁江山。种类多样、形式各异的短视频平台各自有何特点？准确把握这一问题，是我们选择适宜播放平台，取得事半功倍传播效果的前提。

在此我们对几款用户数量较多的平台进行对比。

抖音，官方定位为“记录美好生活的视频平台”，兼具社交功能。火爆的短视频多具备朗朗上口的配乐和有创意的剪辑，基调以轻松幽默为主，力求快节奏、强冲击、先声夺人，诞生了众多爆款和网络流行语，用户的黏度高，适于在碎片化时间放松观看。

快手，口号是“拥抱每一种生活”，相较抖音的“潮”，快手在三四线城市与乡村的下沉市场受众占比更大，视频内容更接地气，不少创作者出身草根，创作内容更易引发受众情感共鸣，因而积累了大量忠实粉丝。

B 站，为广大年轻网友和学生群体所喜爱，早期是一个小众的 ACG（动画、漫画、游戏）内容创作与分享的视频网站，经过十余年的发展，已成为涵盖众多垂直内容，包罗数千个兴趣圈层的多元文化社区，且用户活跃度高。无论是生产视频、传播观点的 UP 主，还是普通网友，都可以在这里尽情交流自己的爱好，即拥有了“话语权”，并在此过程中获得知识和乐趣，为自己的小众爱好找到安家之处，收获一群志同道合的朋友。B 站所独有的“定制化、参与感、归属感”，让它收获了大批忠实的年轻粉丝。

视频号，是腾讯于 2020 年推出的内容记录与创作平台。微信用户可以在微信的“发现”页找到入口，看到自己关注账号发布的内容、热门内容与朋友点赞过的视频内容。它的优势在于分享到朋友圈、转发给微信好友后，好友可以直接点开视频观看，这种便捷性使传播力大大增强。每个人的微信好友中都有不少与自己所属领域相近、关注点相似的人，而视频号的“点赞推荐机制”则很好地利用了这一点，将好友赞过的视频推荐给用户，其实也是将好友的观点和倾向推荐给用户，这也十分符合微信社交软件的定位。依托于微信庞大的用户群，视频号正处在发展的春天。

此外，短视频的观看渠道仍十分多样，如人民视频、央视频等主打权威性、新闻性、高质量的国家级媒体平台；梨视频等资讯类短视频平台；小红书、美拍等专注于某一垂直领域、用户群集中的平台。

百花齐放、各具特色的短视频平台丰富了人们的业余文化生活，让信息的传播更迅速、更便捷，也给我们带来了了解世界、思考世界的新视角、新逻辑。

在了解了不同平台的定位与传播规律后，如何为自己的短视频选择最适宜的播放平台，收获最佳的传播效果呢？针对高校的短视频创作，又能带来哪些启发呢？

※ 考虑短视频内容与平台的匹配度

简而言之，要考虑的是该平台的垂直领域。如果没有明显的垂直领域，则要考虑平台日常的视频风格，尤其是观看量高的短视频所具备的共性与打算推出的视频是否相符。

※ 考虑短视频平台受众的审美偏好

网络爆款的诞生离不开受众大量的自主转发，不同平台聚集了不同审美偏好的用户群，只有“投其所好”才能真正吸引受众，使作品脱颖而出。审美的不同体现在众多方面：从题材上，有的喜欢二次元，有的喜欢新闻事件；

从节奏上，有的喜欢轻快活泼，有的喜欢沉稳有深度；甚至字幕的样式、配乐的选择都各具特色，要注重观察和总结。

此外，还有几点需要注意。首先，以上两项需要同时考量，只满足其一仍然不能收获最佳效果。其次，通常情况下，为了扩大传播范围，可以尽可能多地投放到各平台，但对于匹配度最高的，应当重点发力，甚至可以针对此平台的特点对视频进行调整，如进行二次剪辑和传播、修改字幕样式等。

如今，许多高校都在抖音、B站、微信视频号等平台开设了官方账号，也积累了数以万计的粉丝。账号的开通给了广大师生校友和社会各界关心学校的人士一个了解学校动态的窗口，把握传播规律，就可以让账号的功能发挥到极致。

案例1：打出“组合拳”——2021年“天大·海棠季”的短视频传播

春日天大校园里盛放的千株海棠是最靓丽的风景，它象征着春天和希望，陪伴了一代代天大学子的青春。经过数载积淀，每年花开时节举办的“天大·海棠季”活动也成了天津大学的一张文化名片。

2021年，海棠季活动无法对社会公众开放，网络直播配合系列短视频宣传就显得尤为重要。为了突出“季”的概念并为活动做好预热，视频号、抖音率先于3月底发布海棠花初绽的视频，视频号主推优质短视频，在拍摄和制作质量上下工夫，用美好事物唤起观众内心共同的向往，单条视频最高浏览量达16.6万（图10-1）。巧妙利用抖音平台特点，捕捉众多有趣细节，集中发布多条海棠季相关内容，例如“舞动海棠季”“给卡通形象海小棠洗澡”“夜赏海棠花”等，并联合抖音官方，推出新潮玩法——特效贴纸“海棠花开”，抖音用户在拍摄视频时均可选用。4月3日赏花直播过后，视频号、

图10-1
天大海棠季短视频
《海棠花开》

抖音、B站又发布了活动精彩集锦，将海棠季氛围推向高潮。此后，视频号还发布了2021年版《海棠花开》MV和海棠花随风飘落的唯美视频。抖音发布了多条学生们打卡海棠美景的视频，以及学生们在海棠季特设的“青春告白亭”中表达对于美好生活的向往和对建党百年祝福的短视频。由此，形成了完整的2021年“天大·海棠季”短视频传播链条。

案例2：“小切口”做活“大文章”——合肥工业大学“e路同行”网络文化工作室“193号”视频号平台

“小e同学”是合肥工业大学“193号”视频号的形象代言人，2021年3月“她”以一个青春阳光的萌妹子形象上线，以校园生活的身边人身边事为切入点，将网络思政的育人理念融入到一则则短视频中。学校食堂、学生宿舍、校园萌宠、校园网红打卡地等都是“小e同学”经常去探班的地方，招生季、毕业季、开学季、校庆日也是少不了“她”的身影，这些视频切口小、时长短、接地气、形式轻松活泼，因而深得网友欢迎。“e路同行”网络文化工作室隶属于合肥工业大学党委学生工作部，旨在探寻网络新媒体环境下的“互联网+”思政育人新理念，面向青年学生及辅导员两个群体，通过实施“平台孵化计划”“内容提质计划”“队伍培优计划”等，打造“新媒体+n”的工作模块，以新姿态、新语态、新形态，来拥抱“互联网+”育人新常态，将互联网这个最大变量转变成思政工作的最大增量。（图10-2）

图10-2
“e路同行”工作室视频号——193号

2 做吸引人的短视频创意

· 好创意是短视频脱颖而出的关键
· 如何寻找创意点并将其转化为优质内容

自媒体时代，人人都可以拥有自己的账号并发布短视频，创作自由被无限放大。伴随着技术的进步，原本复杂、专业的视频制作流程也获得了更简便的解决方案，人们用手机进行简单拍摄和编辑即可发布一条短视频。网友们在碎片化时间接收到的大部分娱乐化、生活化的短视频正是在这样的背景下应运而生。我们在享受着这份便捷的“文化快餐”的同时，或许也该思考它的“营养价值”和在感官刺激之后它能给人留下多少深刻记忆。

习近平总书记曾指出：“大学是立德树人、培养人才的地方，是青年人学习知识、增长才干、放飞梦想的地方。”高校肩负着人才培养、科学研究、社会服务、文化传承创新和国际交流合作的重要职能，新媒体平台是重要的宣传窗口，也是落实职能的渠道之一。高校传播的应当是主题鲜明、内涵丰富、制作精良、饱含创意的正能量短视频作品，让观众在看后记得住、有收获、有思考。想要创作出这样的优质短视频，熟练掌握技术手段固然重要，但唯有好的创意策划才是决定性因素。如果我们把创作比作在黑暗的山洞中向前行进，那好的创意就犹如火把，在走进山洞之初点亮它，才能引领我们顺利走过这段艰难的探索之旅，通向光明。

对于一条短视频而言，创意都体现在哪些方面呢？

※ 立意创意

立意犹如短视频的灵魂，在创作前明确立意，才能有序布局内容，一切画面细节都要为了突出核心思想而设计。这就好似我们写一篇议论文，一定要先明确论点和分论点，列好提纲骨架，行文才能流畅，主题才能突出。

立意可以在视频中直接点明，也可以通过内容让观众自己找到答案。有创意的立意，一定不是一个简简单单、众人皆知的道理，而是立足于主体特点挖掘出的独特之处。对于高校来讲，有创意的短视频立意应当是基于学校的历史文化、精神品格、风貌气质提炼和升华出来的。

案例 3：宣传片中也能诞生“金句”——天津大学 2020 年宣传片《新之所向》的巧妙立意

2020 年恰逢天津大学建校 125 周年，宣传片《新之所向》是献礼校庆之作，内容既要回顾星汉灿烂的历史，又要聚焦最新的科研成果和学科布局。在创作之初，主创团队首要考虑的问题就是如何将历史与当下有机结合，找到贯穿其中的精神血脉，换言之，如何为短片找到别出心裁而又内涵深刻的立意？

要回答这个问题，离不开对于天大历史的系统梳理和对于当今成果的广泛掌握，在查阅了大量资料并深入思考后，主创团队找到了方向。天津大学是中国第一所现代大学，跨越时间长河而历久弥新。这是因为兴学强国是天津大学与生俱来的使命，家国情怀融入了每一个天大人的血液中。天大人始终将自己锐意进取、日新又新的追求与国家的发展需求紧密相连，这促使一代代天大人勇于探索，矢志创新。正是一个“新”字连接起了古今。1895 年北洋大学（天津大学前身）诞生，开中国近代高等教育之先河，在那时，创新就是救国图存的变革；如今，“上天”“入地”“下海”的最新科研成果和作为世界“新工科”倡导者和探索者引领未来的能力也是创新，这时的创新，是与时代同频共振。而创新背后共同的原因，恰是天津大学肩负着的兴学强国的使命。

由此，主创团队找到了清晰的思路和明确的立意，并将其凝练为金句：“天大，因使命而常新”。以“新”为题，并剖析“新”背后的原因，是此前天大宣传片创作中从未有过的尝试，是立意的创新，也是高度的提升，它决定了宣传片恢弘的叙事风格和充沛的情感表达。

宣传片在“天津大学”微信公众号发布后阅读量达10万+，并获得新华社客户端、新华网等媒体平台的转发，好评如潮。巧妙的立意引发了广大观众的共鸣，也给他们留下了深刻的印象，在多个场合，这句诞生于宣传片中的金句都被引用。可见，有创意的巧妙立意，才能使短视频不落窠臼，脱颖而出。（图 10-3）

图 10-3
天津大学宣传片《新之所向》

※ 内容创意

立意是灵魂，内容就是血肉，我们需要将精彩丰富的内容填充进框架，并合理布局。我们仍以写议论文为例，解读同一个论点，选取案例的不同、段落顺序的不同、详略安排的不同都将给人不一样的阅读感受，将内容进行优化才能更好地突出主题，反之，则会削弱主题的展现力度。短视频创作也是如此，内容要与立意密切配合，并力求充实新颖。

案例4：清华大学2019年招生宣传片《从一到无穷大》——讲朴实的故事，用情感打动人

作为招生宣传片，这部作品想传达给观众的是考上大学、来到清华，对一个人的人生意味着什么，将产生哪些深远的影响。作品中并没有具象地展示清华大学的学科实力、科研成果、师资条件和校园环境，而是邀请了包括时任副校长薛其坤在内的多名“清华人”共同出镜，因为他们有一个共同的身份：“家庭第一代大学生”。他们的命运在不经意间产生过联结，也都从迈出第一步开始，通过自己的自强奋斗，挖掘出了无穷的潜力，在清华拥抱了无限的未来。

片中的主场景为礼堂中人物之间的对话，通过轻松幽默的自述讲出成长故事。观众与主人公们虽然没有一模一样的成长轨迹，但每个人都有奋斗的历程，奋斗过程中遇到的困难、收获的蜕变总能在某个瞬间直击人心，带给人感动和鼓舞。

通过内容与观众产生情感共鸣，是吸引观众并让观众对作品产生认同的最好方式。作为一部招生宣传片，《从一到无穷大》正是运用了这样的创作思路，在内容上大胆求变，进行创意化构思，不是简单地介绍学校的优势，而是通过朴实感人的故事牢牢牵动观众的心。看过此片，观众可以自然而然地体会到清华大学的土壤对于学生成长的帮助和清华人自强不息的品格，这无疑是巧妙的招生宣传。（图 10-4）

图 10-4
清华大学宣传片
《从一到无穷大》

※ 形式创意

这里的形式指的是包括拍摄手法、剪辑手法、灯光效果、特效制作、字幕处理等方面在内的实现途径。有创意的外在形式，可以帮助作品提升画面质量，使视频整体呈现出专业、高级的效果，尤其是在短视频作品中，能起到先声夺人的作用，是一部成功作品不可或缺的重要因素。

立意、内容和形式的优化应当是相互配合，共同为短视频整体效果服务的，应当在三者之间找到平衡，不能偏废，否则就会产生主体不够丰满或形式大于内容等问题。

从主题和内容的角度而言，我们该如何寻找创意点呢？围绕高校的工作特点，哪些方面能成为我们创意灵感的来源呢？

※ 从重要史料中挖掘故事

学校的历史是我们了解学校发展、溯源学校文化的宝藏，而历史正是由一段段精彩的故事和一位位鲜活的人物构成的。在短视频的创作中，重要的是要见人、见事、见情，这与我们能从校史中汲取的养分不谋而合。我们可以从校史中选取那些典型的、彰显一所大学精神气质的故事，以此为原型，进行专题片或故事片创作，也可运用情景再现的拍摄手法，将其应用到宣传片中。特别需要注意的是，除了大众普遍了解的人物和事件，也要注重挖掘那些鲜为人知的过往，新鲜感往往更能唤起观众的兴趣，带来更强的冲击力。此外，研究历史也是我们深入理解校园精神文化形成过程的重要途径，对于一所大学厚重历史的宣传，也有助于凝聚起师生校友爱校荣校的情感，提升社会影响力。

※ 立足当下，聚焦学术、学者、学生

学术、学者、学生是一所大学最重要的构成要素，也是社会各界所关心的内容。其中学术成果主要包括最新的科研突破及其研究背景与过程；学者指的是教师当中为人为学的典范及他们与学生相处的点滴；学生涉及的话题则更多，除了优秀学生代表的故事挖掘，还包括教学改革举措、校园文化、“三全育人”、“五育并举”综合改革成果及丰富多彩的社团活动等。

这些素材遍布在基层学院和学生的日常生活之中，想要掌握一手素材，需要我们增强“四力”，即脚力、眼力、脑力、笔力，走出办公室，带着发现选题的眼睛在校园中行走，多与老师和学生交流，甚至培养出一支“自己的”通讯员队伍，将采访得来的和他们报送的选题线索进行提炼，找到其中最鲜活、便于可视化、最能吸引观众的内容，进行短视频创作。

有了这样的整体思路以后，需要考虑的问题就是面对同样的基础素材，如何将其转化为优质内容呢？

首先，灵感并非凭空出现，在有自己独特的创作思路之前，我们务必积极观摩学习成熟的短视频作品，并且要进行分析、对比和总结。在观看时，要时刻联想本校案例，如何从中汲取养分，如何进行创作。同时，还要不断学习最新的剪辑手法、包装形式等技术手段，不断提升视频质量。

其次，要关注新闻热点和网络热词，做有时效性的选题策划。从根本上来讲，这是从受众的角度出发进行考虑，要想取得良好的传播效果，必须贴合受众的兴趣。

再次，要多加练习。短视频创作是一门实践的学问，创意策划和制作能力需要在不断的工作实践中才能得到提升。

3 互动视频与虚拟主播新玩法

·互动视频定义及其特点
·虚拟主播的优势与应用

2019 年，5G 网络正式投入商用。伴随着这轮技术革命，视频产业也迎来了新浪潮。国家广播电视总局提出了“5G 高新视频”的概念。互动视频作为高新视频业态的重要组成部分，具有分支剧情选择、视角切换、画面互动等交互能力，能够为用户带来强参与感、强沉浸度的互动观看体验。

互动形式与短视频结合尚属新生事物，但互动形式应用于电影、电视剧、游戏当中的历史却并不算短。1966 年，历史上首部互动电影在捷克诞生，每到剧情发展的关键节点，现场观众可以通过观众席上的按钮，投票决定剧情走向，最终将按照大多数人的选择继续发展剧情。这在当年引起热议。20 世纪 80 年代，外国的游戏制作公司也开始了互动游戏的探索，虽然大大提升了玩家的参与感，但仍不被主流所接受，因而进入了阶段性的沉寂期。直到 2018 年，热门剧集《黑镜》推出圣诞特别篇《黑镜：潘达斯奈基》，画面上出现选项，由观众进行选择，决定剧情走向，这种前所未有的沉浸感引发了观众极大的兴趣（图 10-5）。

图 10-5 《黑镜：潘达斯奈基》剧中截图

这也同样给我国的视频行业带来启发，各大视频网站开始在互动视频领域蓄力，开发了一系列互动影视剧、互动综艺、互动广告和互动游戏等，大多取得了不俗的播放量。2019 年堪称我国互动短视频的元年，一直站在潮流文化前沿的 B 站开始涉足这一领域。B 站是典型的以用户为中心的 UGC（User Generated Content 用户原创内容）模式视频网站，它为网友提供了互动视频的制作和发布平台，并举办了“创造属于你的平行世界”互动游戏开发大赛（图 10-6）。其中决赛入围作品《你被困在 2019 年 10 月 25 日，如何逃出这一天？》截至 2021 年 7 月播放量已近 1000 万。

图 10-6 B 站互动游戏开发大赛宣传

互动视频为何能从竞争激烈的短视频领域中突出重围，成为被观众广泛关注和接受的新形式？主要有以下原因。

※ 重新定义视频逻辑，“你”也可以是编剧

传统的电影、电视在播出时都是线性结构的，观众只能按照既定的顺序观看下去。网络视频流行之后，观众可以运用播放器的快进、回放和选择某个时码的功能，按照自己的需要去观看，但仍不具备对于剧情走向的选择权。互动视频则建构了一种高参与感和高沉浸感的“非线性结构”，观众按照自己的喜好和判断进行选择，可以真正引向不同的结局。人人都是编剧，每次选择的背后都是价值判断的体现，将自己的世界观和价值观加入短视频中，给观众带来了极大的满足感。

※ 当趣味性和好奇心相遇，播放量自然提升

互动视频相较于传统形式而言更加有趣，屏幕前的人既是观众也是玩家。在好奇心的推动下，即使首次解锁了一个结局，也还想尝试其他选项从而解锁下一个，看看会有什么不同。因此，互动视频的复播率往往很高，观众总会情不自禁地多次点击，探索不同剧情。

目前，已有许多高校在互动视频上进行了尝试，依托学校里的人物、风物和故事进行剧本创作。互动视频在高校宣传方面的另一个明显优势是，可以在保证视频主题集中、剧情合理的前提下，在不同支线上展示学校的不同方面，将宏大的叙事融于小巧的互动视频当中。

案例 5：天津大学 2020 年招生宣传互动视频《向海而行》

天津大学 2020 年的招生宣传尝试了互动视频的新形式。视频中，观众将跟随一位刚刚进入天大的“萌新”了解校园生活。视频共设置 5 个选择关卡，提供 5 种结局，在推进剧情的过程中展示了两个校区的校园风光、“海燕”课题组的科研场景、丰富多彩的社团活动和永不言弃的体育精神等。

招生宣传面向的主要群体是即将步入大学的高中毕业生，他们的共同特点是向往大学生活，想了解大学究竟是什么样子。通过此互动视频，他们可以置身于天大，面对和主人公一样的选择。片中旁白采用第一人称，对于观众来说，当按下选择键的时候，他们就是剧中人，他们已经提前体验了大学生活（图 10-7）。

将互动视频高参与感、高沉浸感的特性运用到招生宣传中，正是以受众为导向，恰如其分；新颖有趣的形式也符合青年学子的审美特点和接受习惯。

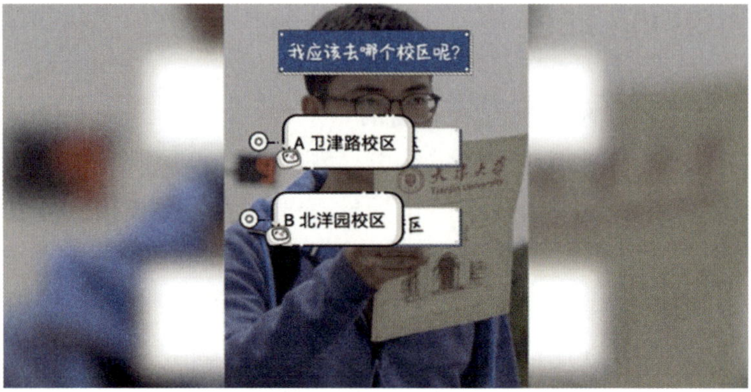

图 10-7
互动视频《向海而行》

未来，互动视频仍有很大的发展空间，但应注意坚持守正创新的原则，坚持“内容为王”，用逻辑严谨、情节精彩的剧本吸引人，而非“形式大于内容”。此外，也要积极与新技术相结合，利用好 AI、VR 等技术，避免单调的互动模式，实现深度的人机交互，让观众得以更真实地感知剧情。

与新技术相伴而生的另一新鲜事物是虚拟主播。虚拟主播属于人工智能主播的一种，它是指以大数据处理与学习、虚拟合成与分身、人机交互等人工智能技术为驱动，在广播、电视、电子出版及互联网等媒介中担负主持与播报任务的智媒产品。

2018 年 11 月，新华社联合搜狗在第五届世界互联网大会上发布全球首个合成新闻主播——“AI 合成主播”，在新闻领域开创了实时音视频与 AI 真人形象结合的先河。2019 年央视网络春晚的舞台上，以主持人撒贝宁、朱迅、高博、龙洋为原型打造的虚拟主播“小小撒”“朱小迅”“高小博”“龙小洋”悉数亮相，展示主持功力。2020 年 5 月，新华社又推出了全球首位 3D 版 AI 合成主播“新小微”，技术进一步精进（图 10-8 至 10-11）。

图 10-8　全球首个合成新闻主播（中文主播）

图 10-9　全球首个合成新闻主播（英文主播）

图 10-10　2019 年央视网络春晚中撒贝宁与“小小撒”同台竞技

图 10-11
全球首位 3D 版 AI 合成主播“新小微”

虚拟主播成为人工智能时代的研究热点是因为它拥有传统主持人所不具备的优势。首先，它摆脱了人类生理上的限制，可以做到 24 小时无休播报，并且始终保持稳定的工作状态，向观众持续提供准确无误的信息，并不需要饮食和休息，在突发性长时间直播中可以发挥关键性作用。其次，基于机器学习技术，同一位虚拟主播可以掌握多种语言。此前播报多语种新闻，往往需要掌握各种语言的播音人才，而现在仅需一位虚拟主播即可高效完成，这大大提升了海外传播的效率。再次，虚拟主播这一新鲜事物“自带流量”，是观众们喜闻乐见的形式，这无疑也会为节目本身带来更高的关注度。

这样的优势与高校的宣传所需不谋而合，开发出、利用好虚拟主播，不仅是学校科研实力的体现，也是服务于宣传工作的一把利剑。

案例 6：全国首个高校人工智能新闻主播——天津大学“海小棠”

“海小棠”原本是“天大·海棠季”的标志物，是位于校园内的将海棠花拟人化的雕塑，因其在师生中广受喜爱，被应用于多种校园文创周边，在一定程度上，成为了天大的“卡通形象代言人”。作为新闻主播，可以开口说话的“海小棠”于 2019 年 5 月亮相于第三届世界智能大会（图 10-12）。为了迎接智能大会，天大推出了一款人工智能新闻主播，可以 24 小时不间断地向大家介绍智能大会、介绍天津和天大。智能主播“海小棠“基于端到端的深度学习的语音合成技术而诞生，它具备和真人主播一样的播报能力，只需提供文字，它就能准确无误地进行播报，而且在声音语调方面也进行了优化，避免僵硬的发音。在第三届世界智能大会“C 位出道”后，“海小棠”便在天津广播新闻中心的《天津早晨》节目“上岗”了。《天津早晨》推出了“智能新闻播报挑战赛”，比赛期间每天选取一段新闻素材，真人主播、热心听众和智能主播“海小棠”分别进行播报，一较高下。这是对“海小棠”实际应用能力的一次有力验证。

而后，智能主播“海小棠”又与AR技术闪耀结合，作为学校送给大一新生的首份礼物，用于2019年本科录取通知书上。扫一扫录取通知书，一个活灵活现的“海小棠”形象就会出现在手机屏幕上，通过智能播报的形式欢迎新生开启天大的学习生活，让同学们感受到满满的科技感和诚意。这是智能主播在实际场景中的一次妙用，也是新技术手段辅助宣传工作的典型案例。

图 10-12　人工智能新闻主播“海小棠”亮相第三届世界智能大会

小结与经验

灵活运用各短视频平台的特点和传播规律，合理布局视频投放；同时要坚持“内容为王”，从立意、内容和形式方面寻求突破，将从历史和现实中挖掘出的素材通过精彩的创意策划，转化为新颖充实的视频内容。同时，伴随着5G和人工智能走进千家万户，新技术离我们不再遥远，视频制作和宣传也有了创新玩法，我们要在充分认知新技术的基础上勇敢创新、大胆尝试，抢抓先机方能立于时代潮头引领方向。

媒体
重塑高校
影响力

第十一章
直播中的小秘密

如今，短视频平台的新兴功能——直播，正在悄然改变人们的观看习惯。曾几何时，人们只能在电视上收看直播，内容多为大型活动和体育赛事，直播技术复杂，与非电视从业者之间的距离遥远。那时，观众们还不知道，未来他们可以随时在手机上欣赏各类网络直播，可以参与互动，甚至可以成为主播，让他们的声音被世界听见。

1 直播平台的比较

·直播的演进与变化
·不同平台的特点

在许多人的记忆中一定有这样的画面：大年三十的晚上，一家人边吃年夜饭边期待着春节联欢晚会；与运动员同呼吸，紧张激动地欣赏酣畅淋漓的体育赛事；守候“超女”“快男”的比赛，为平民偶像的诞生热血沸腾。那时，电视直播为我们打开了一扇大门，让我们得以第一时间见证事情的真实发展，和现场的距离在无形中缩短。美中不足的是，我们只能和身边的人交流，但却无法和身在他处共同收看的其他观众交流，更无法让自己的观点被电视中的表演者看到。人们只能通过电视这一唯一的收看媒介，接受已设置好的节目流程，无法做出反馈。

如今，新媒体时代到来，无论是中央重点新闻单位和中央重点新闻网站的客户端，还是普及率极高的抖音、快手、B站，乃至电商平台淘宝、京东都开通了直播功能。网络直播大为普及，无论何时打开手机，总有一个直播间适合你。网络直播打破了时间和空间的阻隔，人们可以和千里之外的主播、网友互动交流，极大增强了参与感，且网友的留言在一定程度上影响了直播内容的走向，信息传播不再是单向的，因此许多观众会沉浸其中。

※ 媒介演进的原因

从传统媒体到网络，直播发展变化的背后原因都有哪些？了解这个问题，是我们分析网络直播特点并对不同平台进行比较的前提。

从外部原因来看，是技术进步的推动。新媒体技术蓬勃发展，5G 技术以超高的峰值速率、毫秒级的传输时延优化了直播画面的质量，以手机为载体观看流畅、高清的网络直播具备了技术基础。

从内部原因来看，是人类需求的牵引。传播学家麦克卢汉在《理解媒介》一书中曾提出重要观点：“媒介是人的延伸。”人类基于感知和探索世界的各种感官需求发明了各种传播媒介，已有需求不断得到满足，则又会诞生新的需求，以需求作牵引和推动是媒介演进、更替背后的人性化逻辑。例如，已有的电视媒介作为直播的载体，在观看的便捷性上有待提高，观众只能在电视机前收看；且节目内容几乎没有可选择性，电视直播哪些内容就收看哪些内容，而自己喜欢的节目、欣赏的主持人和演员却未必可以在电视直播中见到；此外，电视机屏幕隔开了传播者与受众，受众的反响不能第一时间被听到，受众也无法参与到电视直播的进程中来。随着网络时代的到来，人们对于上述不足的认识越来越清晰，也越来越盼望着有一种更人性化的方式去弥补这些遗憾，于是网络直播应运而生，且迅速风靡。

※ 网络直播的传播特点

第一，简便高效，将直播嵌入生活。人们通过手机应用软件即可随时进入直播间，对观看直播的环境和设备要求大大降低。走进直播间，就相当于打破界限，步入了与主播同频的时空。此外，观看、点赞、评论、送礼物、连麦等操作都十分简便，通过简单的学习即可掌握，不设置技术门槛，最大限度地让每个人都能轻松观看直播、参与互动。

第二，线上与线下联动，让直播间作为日常生活空间的扩展。自媒体时代，人人都能做主播，这也就意味着网络直播涵盖的内容十分广泛。我们在日常生活中只能看到某些生活形态，而直播则让我们了解更多。线上和线下联动的特点在新冠肺炎疫情爆发后体现得尤为突出，网课教学、直播间购物、视频会议等的火爆，都是因线下的功能无法开展而迁移至线上，直播联通了网络空间与真实生活，人们的生活空间得到扩展。

第三，观众参与议程设置，情感交流吸引受众。在观看直播的过程中，网友们不再是被动的接受者，而是有话语权的发言人。网友的留言可以被直播间内的所有观众看到，他们可以交流观点，主播也会根据留言内容、点赞数量、礼物数量来进行内容的调整，或与网友如朋友般聊天，仿佛面对面的感觉。这种高沉浸感、高参与感、高互动性的体验，让许多网友被牢牢吸引。

※ 直播平台分类及特点比较

开设直播功能的网络平台众多，在此我们将一些受众广泛、知名度较高的平台进行分类比较。

第一类，中央重点新闻单位和中央重点新闻网站的客户端，如新华网客户端、光明日报客户端、央视频等。此类平台依托传统媒体时期积累的优势，开拓全媒体时代的移动端战场，延续了一贯的权威性、准确性、及时性的特点，走精品化直播路线，对直播内容的审核和把控严格，注重直播的社会意义，重在传递正确的价值观。平台的定位决定了网友们可以看到独家直播内容和重量级嘉宾，能满足观众们对于了解新闻事件和知识性内容的需求。

案例1：新华社客户端、新华网客户端等在东京奥运会期间推出“约大牌”系列专访直播

东京奥运会期间，新华社记者在日本对中国奥运健儿进行了独家赛后采访，并在新华社旗下多个新媒体平台的直播间播出，单一平台单场观看数量达数十万次。此系列直播邀请到了多位其他平台很难邀请到的重量级嘉宾，如中国女子乒乓球队（图 11-1）、中国女子篮球队、中国女排主教练郎平及多位奥运冠军得主，在“大牌”效应的加持下，网友们的目光自然而然被锁定。欣赏完紧张精彩的比赛后，大家都渴望了解奥运健儿们的备赛故事、奋斗历程和他们生活中的样子，“约大牌”系列直播很好地满足了观众们的需

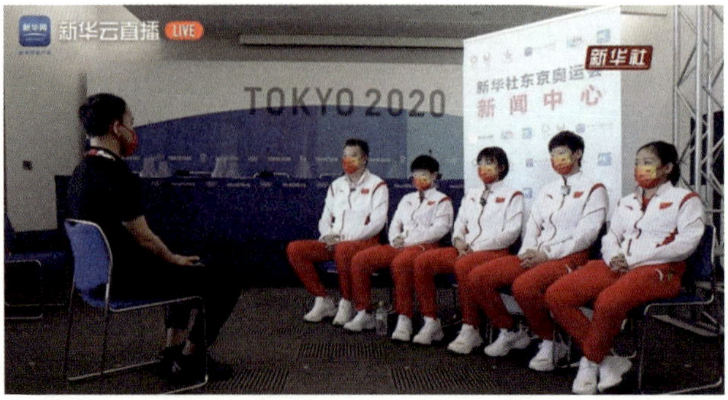

图 11-1
“约大牌”专访中国女子乒乓球队

求，也显示出国家级媒体平台所独有的巨大优势，与此同时，抓住热点事件，将运动员们勇于拼搏、奋发向上的昂扬精神传递给社会大众，传播正能量。

第二类，依托“两微”而生。此类型主要指的是微博平台的直播功能和微信视频号的直播功能。微博和微信作为两大发展较早、用户群庞大、使用频次高的社交媒体平台，发展直播功能具有显著优势。平台已有的广大用户都可作为观看直播的潜在用户，社交平台的属性令分享和交流极为便捷。当使用微信、浏览微博成为现代人的生活习惯，依托“两微”开展直播，就是对于习惯的顺应，并将软件功能进一步整合完善。在这里，优质有趣的内容自然会带来可观的观看量，自发的传播分享数量也会很高。

第三类，短视频平台，如抖音、快手、微视的直播间。直播是此类平台的一项重要功能，许多博主并不限于发布短视频，还会在直播间内和网友们交流互动，明星、网红乃至不知名的“草根”，人人都能在直播间内分享自己的生活。此类平台直播间的共同特点是轻松自由、开放平等、互动性极强、内容包罗万象。根据主播的直播内容可大致分为才艺表演类、电商带货类、聊天交流类、游戏直播类、户外旅行类等，网友们总能从中找到与自己兴趣点相符的那一个。主播普遍有着鲜明的个人风格，并以此形成自己较为固定的粉丝群体。零门槛的机制虽激发了平台的活力，却也使得直播质量参差不齐，需加强网络监管，杜绝直播内容虚假、低俗、空洞无物的现象。

第四类，垂直类平台。此类平台的直播内容十分集中，受众观看直播的目的也十分明确。较为典型的是淘宝、京东等直播间的主播带货类直播。在直播间内，网友们可以聆听细致的讲解，并享受很低的购买价格，足不出户便可满足购物需求；还有斗鱼、虎牙、企鹅等主打电竞直播的平台，通过直播，电竞高手展示游戏技艺并聚集起有相同爱好的人，也形成了庞大且固定的观看群体。

这些平台中，微博、微信视频号、抖音、快手、B 站等都是高校新媒体宣传的重要阵地，利用这些平台进行直播成为学校宣传新的亮点形式。了解直播的特点，做好周密的准备工作，把握传播规律，可以将其作用发挥到极致。

2 直播的准备工作

·优质的策划是直播成功的先决条件
·提前彩排发现并解决细节问题

网络直播的开播门槛很低，对于普通用户而言只需一部手机、一个支架即可一键开播，但却无法避免画质粗糙、角度和构图单一等问题，显然无法满足专业化的直播需求。我们在高校日常宣传工作中遇到的大型直播要求流程严密、画质清晰、内容精彩、播出安全，需要团队中各工种密切配合。一场精彩的直播背后，是无数细节的累积，在正式直播前，要将准备工作做实做细。

※ 明确直播意义，做好背景资料搜集

当我们接到一项直播任务时，首先应当对任务进行分析，即明确这场直播的主题、意义、受众等方向性内容，为今后有针对性地进行策划做好准备，也要做好充分的资料搜集和背景调研，尽可能多地掌握相关信息。

以某游览校园式招生宣传直播为例，直播的意义是进行招生宣传，吸引优秀学子报考，受众主要是高三的考生和家长，而主题则是准备过程中需要思考的第一个问题。一个让人眼前一亮的直播主题将会在第一时间抓住观众的眼球，激发人们深入了解的渴望。在确定主题时，可以考虑与实事热点相结合，妙用网络热词，或是将学校的特色融入主题之中。除了对于学校历史文化和风物景致的深入了解，还要对招生政策，尤其是当年的亮点与变化充分掌握，对于校内各学院的基本情况也要了然于胸，方能将这些信息融入主播的解说词或嘉宾的采访之中。这样就可以将展示校园风光和历史文化与“招生干货”更好地结合起来，给考生和家长以全面指导。

※ 撰写策划方案，形成细致构思

策划一场直播类似于策划一期电视节目，需要对每个环节进行细致思考，合理规划，并将所有细节落实到纸面上，不打无准备之仗。可以说，好的策划是直播成功的一半，策划方案的撰写是对灵感的汇聚，也是发现问题解决问题过程中必不可少的一环。

策划方案应尽可能详细，包括：直播时间、地点、主播人数人选、嘉宾人数人选、主题、机位位置和数量、内容流程等。其中，内容流程是策划的主体部分，要把主播的台词、嘉宾出场的形式、时间节点、发言方向及各环节之间如何衔接都写清楚。最终版的内容流程应当像“台本”一样，在与主播、嘉宾及各工作部门沟通的时候可以直接使用，也可以提供给主播背稿。

好的流程是不断打磨出来的，在撰写方案的过程中要尽可能拓宽思路，不能囿于陈规，要在合理范围内大胆创新，产生吸引人的创意。同时，还要认真细致，进行周密的安排，让计划切实可行。每个环节的开始形式，过程中拍摄什么画面、讲解什么内容，环节的结束形式，与下一环节的衔接形式等都要考虑清楚。

必要情况下，还要为存在不确定性的环节做备选方案，以防突发状况打乱整体节奏。

※ 落实人员分工，进行完整彩排

直播中涉及的工种及职责如下：现场导演（全程在场，负责整体把控）、摄像（现场拍摄，保证声音和画面质量）、导播（现场多机位切像，并与摄像随时沟通）、主播（按照策划完成直播，做好流程引导）、直播技术人员（直播设备及网络保障）、平台管理人员（负责推流、拉流及直播监看，和直播过程中的网友互动）。

其中，现场导演至少需要一名，可以是策划方案的撰写者或由其他对整体有宏观把控能力并熟悉所有细节的人来负责。摄像数量根据设计的机位数量而定，机位设置上应尽量将固定机位和运动机位相结合，以达到更好的画面效果。在确定摄像人选的同时，也要将每位摄像负责的摄像机型号及拍摄主要内容分别告知，便于摄像提前调试机器，做好彩排和直播准备。导播至少需要一名，要求具备画面思维，了解镜头组接规律，掌握切像操作，临场应变能力强。主播根据策划中所需人数来确定，要求形象气质与直播主题相符，语言表达能力强。直播技术人员要熟练掌握所有直播设备和线路的连接，提前布场调试。平台管理人员最好是日常该平台的运营者，熟悉平台特点和直播操作。

确定所有人员后，应当召开分工协调会，进一步明确岗位职责，并由现场导演将流程完整告知所有工作人员。虽然各工种各司其职，但却都环环相扣、紧密相关。所有人员应当在熟悉整体策划的基础上，对其他工种负责的环节及配合上的注意事项有所了解，这样才能让直播顺利推进。

而后，进入到实际操作阶段。要把直播所需的摄像机、切换台、硬件编码器、导播台、通话设备等提前连接好，进行完整的带机彩排。彩排的重要性不言而喻，只有在彩排的过程中才能最终确认方案的可行性。直播的容错率极低，所有画面、声音将第一时间通过网络传播出去，要确保万无一失就要提前彩排，并第一时间解决彩排过程中发现的问题，杜绝直播风险隐患。同时，彩排可以让各工作部门提前进入状态，对各自任务产生直观认识。

※ 遵守网络直播规范，做好申请报备

正式直播前的另一项重要工作，是要与各播出平台联系。通常情况下，对于大型直播，部分平台会要求直播方提供直播主题、开播时间、预计时长、主要内容等基本信息。我们要配合平台积极做好报备，便于平台进行网络监管。

许多学校对于校内院级单位或学生组织的新媒体账号网络直播也有相应的管理规定，要按照要求，提前上报给网络直播管理部门备案。

只有做好这些准备工作，才能在快节奏的直播现场做到有条不紊，心中有数。

3 直播有哪些新创意

·线上线下联动是直播的显著优势
·探索直播新用途

网络直播的一大特点是线上线下联动，将直播间作为生活空间的延伸。眼下风靡的购物类直播间是对这一优势的典型应用。人们在线下生活圈内能接触到的商品是有限的，例如，人们鲜有渠道购买非本地产的新鲜正宗的土特产品，也很难以低于市场价的价格购入正品大牌。网络直播则给人们提供了全新的选择，它可以突破时空的阻隔，汇聚五湖四海的产品，也可以在品牌补贴和平台补贴之下，给网友们提供最优惠的购买方案，在弥补线下不足的基础上，还能让消费者聆听细致精彩的讲解，免去逛街比价的劳顿，下单后只需几天的时间，心仪的商品便由快递公司送货上门。

可以看出，购物直播是对现实生活中购物功能的弥补和延伸，而又反作用于人们的现实生活，让人们得以享受网络时代的便捷。

网络空间与现实生活已经深度交织，这也激发了我们探索直播新创意、开拓直播新用途的热情，在已进行的尝试中，扶贫带货类直播是较为典型的代表。

2020年是全面建成小康社会目标实现之年，是全面打赢脱贫攻坚战收官之年。电商直播作为备受关注的新兴行业，也在助力脱贫攻坚的进程中发挥了不小的作用。李佳琦等淘宝头部主播纷纷开展扶贫助农带货直播。他们直播销售经验丰富、粉丝基数庞大、账号流量大、号召力强，投身于公益性质的带货，一方面可以将实际的经济效益带给贫困地区的农户，另一方面则将优质产品提供给网友，用自己的实际行动宣传社会新风尚，弘扬正确价值观。在他们的直播间内，农副产品往往上架仅几分钟就被抢购一空，切实帮助农民解决了农产品滞销的难题，将直播用“活”了。

案例2：学霸化身主播，高校学子为贫困县带货

天津大学自2013年起定点帮扶甘肃省陇南市宕昌县，坚持教育扶贫、产业扶贫、消费扶贫、智力扶贫多措并举，取得了显著成效。2020年，天津大学青年扶贫工作室策划开展了多场直播，与学校官方微博、抖音账号开展合作，让在校学生、在一线工作的扶贫干部、深受学生喜爱的“网红教师”走进直播间，为宕昌县的特色产品代言，介绍当地风物，讲述扶贫故事，用新形式打开消费扶贫新局面。有的学生主播曾在宕昌县支教，在那里工作生活的经历让他们的讲述更为生动真切，对那片土地无法割舍的感情在直播中尽数流露。这种用心的帮扶，也感染着观看直播的网友们，一场在天津大学扶贫超市进行的直播，曾创下上千人同时在线观看，不到一小时的时间里扶贫超市营业额超过2000元的佳绩。而上海交通大学的研究生也化身主播为家乡农产品直播。（图11-2、图11-3）

直播的创意不仅体现在内容上，还体现在如何更好地帮助和改变现实生活上，除了网上购物、线上教学、线上会议之外，未来，还有更多空间等待我们去探索。

图11-2
上海交通大学研究生为家乡农产品直播

图11-3
天大学子进行宕昌县特色产品带货直播

4 慢直播

· 慢直播的传播特征
· 慢直播的受众心理

慢直播是网络直播中一种全新的形式，它的直播时间长、节奏慢，采用固定镜头完整连续地进行纪录式拍摄，画面不加剪辑、无解说，观众依靠画面下方的文字说明和留言评论自行感受和理解。对于直播内容不进行人为干预，依靠其自然发展，力求真实、原生态。慢直播为人们提供了一种全然不同的观感，不同于短视频和普通网络直播常见的快节奏、强冲击力，慢直播娓娓道来、自然流淌，也是人们在繁忙的工作生活之余静静观赏和了解大千世界的一扇窗。

然而，慢直播能得到大众广泛认可，形式上的创新并不是根本原因，其传播特征与受众心理的高度吻合才是根源。

※ 慢直播的传播特征

第一，真实自然，不加修饰。我们日常看到的视频新闻和专题片，是在尊重事实的基础上对拍摄素材进行组织和取舍后形成的作品，观众看到的并非一手素材。慢直播则不同，它用长时间的记录带给观众沉浸感和自发的想象空间，杜绝任何掺杂创作者主观意图的可能，做到绝对真实，真正将观众放入不同的生活场景中。

第二，情感疗愈，温情陪伴。慢直播的画面景别通常是全景，给人以开阔之感，画面以美好景致、自然奇观和重大事件跟踪等正能量题材为主。观众走进直播间，便可放慢脚步，远离焦虑情绪，享受背景白噪音和优美画面的陪伴，十分“治愈”。在直播间里，还有许多网友一同欣赏美景、互动留言，这种“天涯共此时”的乐趣也让人不再孤单，倍感温暖。

第三，激发想象，自主建构。画面不加解说词引导，给了观众充分的想象空间，人们可以按照自己观察到的细节去思考和理解，而不是被动接受观点的输入。在观看慢直播的过程中，每个人都是观点的生产者。

※ 慢直播的受众心理

第一，对真实性、及时性的渴望。对于自己关心的事件，人们都希望第一时间获知其发展变化，而慢直播让观众们得以“虚拟在场”，用无剪辑的方式保证真实准确。

第二，从共同关注的事件中获得群体认同。对于同一热点事件的关注令网友们相聚，走进同一直播间就相当于走进了同一个“互动场”，在活跃的直播间里，大家会保持统一队形集体刷屏。这种凝聚力聚集起了情感能量，观众可以从中获得群体认同。

第三，对受众主体地位提升的需求。网络直播风靡的当下，网友们已经不满足于做被动的接受者，而是希望参与到议程设置中来，表达自己的想法和判断并与他人进行思想的交流和碰撞。

可以看出，慢直播所能提供的观看体验与观众所需要的心理感受高度吻合，这意味着观众在观看慢直播的过程中会感受到由衷的满足，因此这种形式才能被广泛接受。

案例 3：央视频“疫情 24 小时”专题慢直播

2020 年初，突如其来的新冠肺炎疫情打破了生活的平静，武汉封城，疫情告急，城外的人们一直在牵挂着武汉的疫情变化和病人的救治情况。在人们极度渴望获知更多信息的时刻，央视频上线了“疫情 24 小时”专题，用慢直播的形式忠实记录武汉火神山、雷神山医院的建设过程，从全景画面中网友们可以看到工程正在全速推进。数千万网友“云监工”，因信息的极度透明而倍感踏实，评论区氛围火爆，网友们积极刷屏，或加油，或祈福，或致敬，或感恩。正能量在直播间传递，也通过网络传递到现实生活中，人们的焦虑感、紧张感、虚无感得以有效缓解，网友们互相陪伴打气，打赢疫情防控阻击战的信心大大增强。人人都是“云监工”，人人都是抗击疫情中不可缺少的坚固一环。无解说词的画面激发了网友们自主思考的积极性，他们建构了文化符号，例如：将混凝土搅拌车称为“送灰宗”，将摄像头称为“摄政王”等。围绕这些符号又进一步衍生和解读，用“挖掘机天团出道”等用语来表达自己的支持。在此过程中，人人都是观点输出者，人人都在用正能量去影响他人。参与到议程设置之中，这使得公众负面情绪大大降低，慢直播的社会作用逐步显现。一段时间之后，“疫情 24 小时”专题又上线了“云守望慢直播”，拍摄武汉地标性建筑的实况，记录武汉复苏过程，温暖向上的氛围进一步蔓延开来。

央视频“疫情 24 小时”慢直播是一次成功的尝试，它在恰当的时间点选取恰当题材，利用慢直播的传播特征进行社会氛围的营造，是网络直播与现实生活相结合并助力生活向好的典型案例。

央视频“疫情 24 小时”（图 11-4）的成功将慢直播的形式带入大众视野，慢直播也适于展示校园美景，将静谧美好的学府氛围呈现给观众。在校园内进行慢直播，要精选摄像机点位，如地标性建筑处、某景色最佳观景点等，也要结合校园文化选择特定时间，如“武大樱花季”“天大海棠季”等，让更多网友“身临其境”地欣赏美景，进一步推广文化名片。

图 11-4
央视频“疫情 24 小时”专题
慢直播截图

5 直播之后的传播才刚刚开始

·云校庆
·二次传播

网络直播有诸多便捷之处，但在观看时间上却有比较严格的限制。除了少数具备回放功能的平台之外，多数直播只能在开播的固定时间段内观看，错过开播时间便会错过精彩内容。如果能将直播内容录制下来，并将精彩片段剪辑成短视频进行二次传播，便能解决这一问题。这样既可以将直播资源最大化利用起来，让精心策划和拍摄的内容得以多维度展示，还可为观众提供更多观看时间和地点的选择，扩大传播范围。因此，我们要把握直播后的时间，因为那时精彩内容的二次传播才刚刚开始。

案例 4：天津大学 125 华诞“云校庆”

2020 年天津大学（北洋大学）迎来 125 周年校庆，10 月 2 日校庆日当天，天津大学推出的 12.5 小时“云校庆”直播（图 11–5），在人民日报客户端、学习强国、新华网、中青网、凤凰网、腾讯网及天津大学微博、B 站、抖音、快手官方账号等多平台同步播出。

“云校庆”活动主题为“全球天大人·携手筑小康·共建地球村”，包括筑梦“天大人”群英会、“云”

参观爱国奋斗的足迹展、宣传片《新之所向》展播、庆祝建校125周年师生歌咏活动等13个节目，旨在凝塑大学精神、动员广大师生校友投身民族复兴大业，激励全体“天大人”在全面建成小康社会进程中贡献力量。12.5小时的直播内容精彩丰富，“天大人”云端相聚，共庆母校华诞。

精心策划和制作的“云校庆”活动收获了热烈的反响，网友们在观看直播的过程中积极留言，表达对节目的喜爱之情和对天大的美好祝愿。活动结束后，天津大学B站官方账号将剪辑出的各环节分段上传，并清晰命名，网友们可以精准定位、随时欣赏，留住了直播中精彩感人的瞬间。二次传播进一步放大了直播对学校文化的宣传作用。

图 11-5
天津大学 125 华诞
“云校庆”直播截图

小结与经验

新媒体时代，网络直播的优势逐渐显现，直播已经成为宣传工作中不可或缺的重要手段。我们要把握网络直播的特点和规律，提前周密策划，落实各项细节，并选择恰当的直播平台。除了常规的活动直播外，高校还可以探索如何将直播灵活运用，让直播更好地帮助和改变现实生活。同时，还可以选择适当主题与时机进行慢直播等新形式的尝试，也要注重直播后的传播，让传播形成完整链条，进一步扩大影响力。

PART 3 未来篇

新媒体
重塑高校
影响力

第十二章 大数据让运营起飞

信息世界产生的数据量及其增长速度比以往任何时期都要多、要快，互联网上的数据流量正在迅猛增长，而且数据结构也越来越复杂，以致传统方法和工具不能满足处理数据的需求，这些数据不仅是一种信息的记录，也能够在今天转化为高校的影响力，数据流产品正在成为越来越受关注的产品形态。

1 大数据让我们更清楚认识受众

·大数据在高校思政工作中的作用
·大数据在高校教学管理中的作用
·大数据对大学生的学习生活有多了解

大数据的出现，为高校的学生思政教育提供了改革良机，大数据平台大大改变了传统的思政工作模式。以往，面对数量较大的学生群体，高校辅导员不得不将很多时间和精力用在一些琐碎的工作上，真正留给辅导员向专业化方向前进的时间很少。通过信息化与智能化手段，把能量化的工作进行量化，把信息技术相关的事交给机器做，将人从大量烦琐的工作中解脱出来，同时又能将工作精准到每个学生，实现因人而异。以学生资助工作为例，教育部要求资助工作要做到资助对象精准，要确保对家庭经济困难的学生应助尽助；通过系统比对、调查走访、大数据分析、同学评议等手段，建立和完善家庭经济困难学生识别认定机制。要实现学籍系统、资助系统与扶贫、民政、残联等部门数据库进行有效对接；同时也要做到资金发放精准，就是要在学生最需要资助的时候，将资助资金及时足额发放到学生手中，充分发挥资助资金的使用效益，增强家庭经济困难学生及其家庭的获得感。资助工作在大数据的助力下，通过构建起信息全面、动态管理的资助体系，实现精准识别和隐形资助。

案例 1：西安交通大学利用大数据系统助推隐形资助

传统的学生资助工作中，往往通过主动申报、辅导员谈话、侧面打听和民主评议等形式来判断资助对象和资助金额，但是这些方式往往费时费力还不一定真正体现资助的价值。西安交通大学利用学生大数据工作平台，通过大数据平台筛选的信息，根据消费金额、恩格尔系数、家庭经济情况等 26 个指标，就可以做到精准识别、应助尽助。

在进行精准识别和资助款发放后，资助工作并未结束。家庭经济困难的学生，在行为模式与消费习惯上往往存在一定特征。大数据平台从消费习惯、社交圈子等维度，对困难学生群体持续跟进关注，并通过家访等形式进一步落实、拓展相关帮扶政策。

大数据在教学管理方面的应用是目前高校应用最多的场景，利用大数据技术能够更好地了解学生的课堂出席情况、听讲情况以及选课情况等。除此之外，利用大数据技术也能够在互联网上帮助学生更好地对教师教学活动进行评价，同时教师也可以反过来对学生的学习情况进行评价。

在教师教学效果评价过程中，借助大数据可以实现相对完善的教学评价机制构建。可以通过日常的教学数据实时监测，为每一名学生的学习状况、学习兴趣、学习能力进行细致刻画，同时通过与人脸识别等新技术的结合，实现课堂教学的实时观测，用抬头率来评估课堂教学效果，确保教师的教学评价更精准、更全面。目前，越来越多的高校都在搭建基于大数据的课堂教学评价系统，借助新的技术手段来辅助教学，提升教育教学的质量，帮助教师更好地反思教学工作，实现个性化教学，拓展教学思路。

大数据也在学习方面也有很多应用。每到年底，很多高校都会相继公布图书馆的借书大数据，看看大家都在看什么书，哪些书深受大学生喜欢。

案例 2：高校图书馆阅读榜单

2021 年 2 月，麦可思公司对国内 80 所高校图书借阅大数据进行了统计分析。结果发现，路遥的长篇小说《平凡的世界》最受大学生喜爱，总共上榜 35 次，排名图书借阅榜第一。当年明月创作的网络小说《明朝那些事儿》上榜 28 次，排名第三。它还是浙江大学、武汉大学、哈尔滨工业大学、湖南大学、山东农业大学、齐鲁工业大学、天津大学、江苏大学、河北工业大学、南京师范大学、湖北经济学院借阅榜中的第一名。

案例 3：淘宝发布的高校学生购物大数据

淘宝 2018 年发布的高校消费趣味榜单显示，“理工男”“文艺女”“北上广”等不同学生的购买能力和消费行为也体现出一定差异性。从人均购买支出上看，网购呈现很强的地域性，北京和上海高校的人均消费能力普遍高于西部地区。没有什么比开学屯零食更令人愉悦了，清华大学、浙江大学、北京大学的学生包揽“吃货榜”三甲，学霸们的能量补充不能停，而中央音乐学院的同学对零食最克制，形体美才是王道。兰州大学地处西北，风沙大，同学们购买冲锋衣的热度较高。（图 12-1）

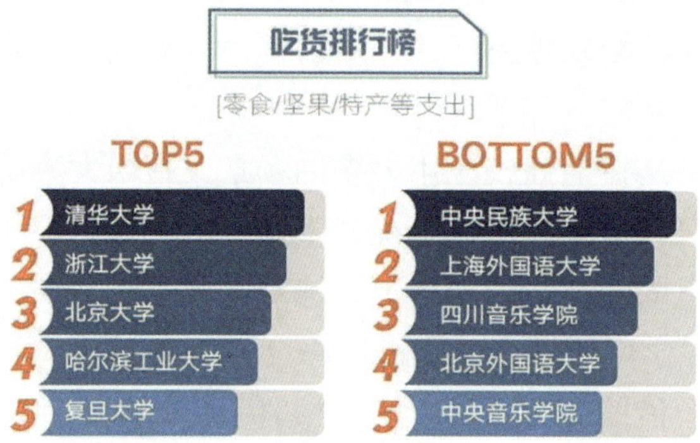

图 12-1 淘宝高校消费趣味榜

2 大数据下的圈群发现

·网络圈群的概念与特点
·大数据如何发现网络圈群

圈子，是从古到今的一个特别重要的社会现象，随着互联网社交的兴起，圈子的形成打破了空间的限制，网络圈群应运而生，成为了网络生态中重要的组成部分。网络圈群可以被看做网民群体因某种特定原因通过互联网组合而成的虚拟聚合空间，代表着一种新型社会关系。例如我们日常工作中形成的各类工作圈群，作为一个运营高校新媒体的教师，大家加入的微信群聊有很多是新媒体运营技巧群、新媒体交流群等。再例如我们打开今日头条或者抖音，每个人看到的内容都是不一样的，平台按照自己的算法给用户推荐他喜欢的内容。这些平台的社交属性，逐渐促成了圈群。相较于传统的社会关系，网络圈群的构成更加强调其成员在兴趣、爱好上的共同点以及对文化的认同。

网络圈群通过互联网而形成，形成门槛低、分布广泛、类型多样。按照组建基础，网络圈群可以分为四种类型：关系型圈群、兴趣型圈群、地理位置型圈群和临时事务型圈群。关系型圈群往往以亲戚、朋友、同学、同事等相对稳定的人际关系为组建基础，成员之间有较强的亲密性和关联性，如血缘关系群、学缘关系群、师承关系群、同事关系群等；兴趣型圈群则是由那些具有共同兴趣爱好的网友组建的群，如电影爱好者群、篮球爱好者群、证券爱好者群等；地理位置型群主要依托一定的地缘关系组建而成，成员之间相对具有较强的地缘依赖性，相近的地理位置使得成员之间有一种信任感从而就某个共同话题组建圈群，如某宿舍楼交流群、某实验楼联谊群、某教学区活动群等；临时事务型圈群是网络用户由于处理临时性事务的需要而建立起来的网络群组，此类圈群大多在完成事务以后闲置或自行解散，如某运动会学生组委会群、某年迎新工作群、某次社会实践群等。

基于网络圈群的形成原理，网络圈群呈现出自发性、独立性和隐蔽性等特点。网络圈子的形成往往都是出于兴趣爱好、共同目标等原因建立，并通过社交关系不断发展壮大，逐渐形成独立的网络群体组织。这种圈子具有很强的独立性，圈子成员具有统一的文化认同，相互之间交流互动性强。网络圈群本身是以虚拟的网络空间形式存在的，具有很强的隐蔽性，而且加入这种圈子往往需要一定的权限。

网络圈群存在的上述特征，使得发现网络圈群存在较大困难，但是大数据技术的成熟应用，为解决这个难点提供了思路。

区别于传统技术，利用大数据技术参与圈群治理，可以产生更精准、高效的成果。比如，通过基于大数据进行的行为分析，大数据技术可以从用户群中有效识别和筛选出散播有害信息或者进行有害行为的用户。进一步的，由于资源有限，故可以通过大数据技术手段对扰乱圈群正常秩序的级别进行评价，设定阈值，当信息或者行为达到阈值时进行优先处理。这可以使得社区对有害信息和行为的响应更加快速，同时花费更少的资源得到更好的治理效果。

随着网络圈群的形成，也出现了另一个现象，圈群里面的人不知道圈群外面的人在说什么，圈群外面的人也不清楚圈群里面的人在讨论什么。无论是网络圈群用户还是新闻工作者，如何“破圈”迫在眉睫。首先需要突破圈群的界限去发现热点，不要只关注某个圈子的信息，而是要多关注热点事件。其次是做好跨圈群的传播。在做宣传工作时我们会发现一个现象，很多宣传到最后只是在一个圈子里传播，并没有产生更大范围的传播。这就需要我们不只是与圈群内的人转发各种信息，要积极与不同的圈群的意见领袖互动，让他们将我们的意见带出既有圈群进入其他圈群。

3 大数据的运营分析及应用

·大数据的运营分析
·什么是影响力最大化
·数据分析驱动内容运营

大数据能够产生价值，并不在于单纯的数据本身，而是在于对数据进行的分析和挖掘。数据挖掘需要使用者具备一定的数据分析技能。在大数据时代，数据挖掘是最关键的工作。大数据的挖掘是从海量、不完全的、有噪声的、模糊的、随机的数据中发现隐含在其中有价值的、潜在有用的信息和知识的过程。在大数据时代，传统的人工数据分析和挖掘已经不能也没有办法满足人们的需求。不同于传统数据挖掘，大数据的挖掘常用的方法有分类、回归分析、聚类、关联规则、神经网络、Web 数据挖掘等。这些方法从不同的角度对数据进行挖掘。

我们每一个人既是大数据的创造者，又是大数据的使用者，更是大数据的作用对象。通过对数据的分析和挖掘，大数据的价值最终体现在指导人的行动并由此推动社会的不断进步。

在大数据时代，数据分析的结果往往能对数据的产生方具有积极作用，即让数据分析驱动内容运营。近年来，微博、微信等社交平台与抖音、今日头条等多媒体信息传播载体的迅速兴起，使用互联网已经成为人们生活的一部分。在人们高度依赖社交媒体的现在，自然有更多的信息在不同的人之间传播。比如微博头条出现的9张锦鲤图片动辄有数万转发，亦如双十一前“天猫盖楼”“拼多多提现”的消息在不少人的朋友圈以及群聊里面疯传。

人们自发或非自发地参与信息的病毒式传播往往出于几种原因。首先是转发者的社会性的需要。众所周知，人是社会关系的总和。在不同的时空中有不同的身份。在家族群里，总有慈母慈父经常转发一些养生知识，总有精壮青年转发职场鸡汤。而转发信息，是一种最简易的强化自己“人设”的行为。其次是“滚雪球”式的传播。拼多多作为近年来飞速崛起的电商平台，就是通过“帮我砍一刀”之类的分享链接，迅速扩大了用户数量。在这样“一传十，十传百”的“滚雪球”式的传播中，越来越多的人被此类信息裹挟其中。

无论是出于何种原因，通过社会网络传播信息已经成为人们日常生活中的一部分，海量交互信息数据得到存储，社会网络的研究受到学者们广泛关注，为研究社会网络中信息传播与扩散过程，挖掘具有最大影响力的节点集合，社会网络影响力最大化问题成为研究热点。

在社会网络中，每个传播个体的传播能力也不尽相同，在某个领域中的KOL（Key Opinion Leader，关键意见领袖）往往具有很强的专业内容，比如“局座召忠”发表的博文一般就是以军事评论为主，其自身的背景以及通俗易懂的行文风格使得内容的可信度更高。因此，KOL是对他人施加影响的“活跃分子”，其传播影响力相比普通用户也会更强，他们在调解或过滤大众传播效果方面发挥着重要作用。往往这类用户就会被认为是具有最大影响力的节点（图12-2）。

影响力最大化问题对应的现实场景除了帮助病毒式传播“推波助澜”，也可用于谣言治理等方面。实际上，谣言治理可以认为是将“谣言”的影响力压制到最小，同时让更多的人看到“真相”。

影响力最大化问题的核心是“花小钱，办大事”。在预算有限，即只能选择限定个数的用户作为初始传播者的情况下，使得社会网络中更多的人被“影响”。

在网络社交媒体账号的运营中，通过对账号发布的内容进行数据采集，同时对访问的用户的行为进行采集和分析，可以帮助运营者明确账号发布的

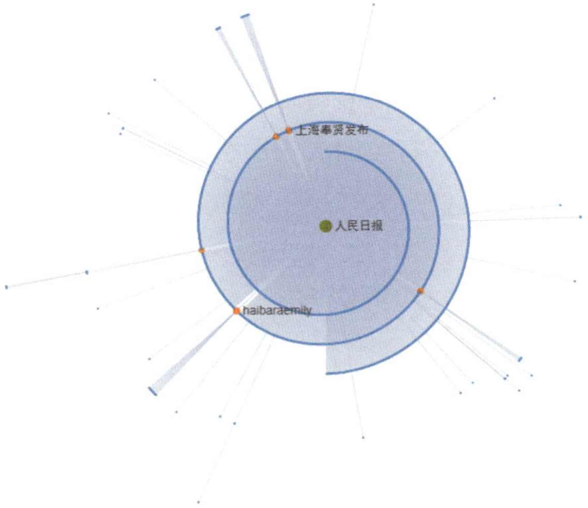

图 12-2 “武汉大学恋爱讲座”话题传播中 @ 人民日报作为关键节点

内容是不是读者感兴趣的，读者的年龄、性别、地域甚至教育程度的分布是如何的，具有某种特征的用户对什么样的内容有偏爱，读者的阅读、分享行为集中在什么时间段，等等。获得了这些信息后，运营者自然可以根据这些信息，有的放矢地调整自己的运营策略和内容，以达到提高运营效果的目的。

同时，对同类的社交账号进行数据采集和分析，可以使得自己确立行业标杆，明晰行业标准，更加明确自己在行业中所处的位置。还能使得运营者根据差别，学习更加先进的运营策略，促进运营者的优质内容产出，增加自己的竞争力。

不局限于虚拟账号的运营和发展，现实中的主体同样可以借助数据挖掘来发展自己。如高校的基础设施建设，通过对教师和学生的行为分析，完全可以明确高校基础设施的不足，从而可以有针对性地补强。又如高校的公众学术影响力，随着学术研究的发展，学术成果的公众影响力的评价成为高校学术成果发表的重要组成部分。高校的公众学术影响力，对高校的招生计划、科研开展、寻求合作、科研成果转化为现实生产力等方面具有重要的意义。而社交媒体上的影响力是公众影响力的重要组成部分。高校可以对自己以及同类别、同级别的高校在社交媒体上的学术成果传播状况进行数据采集和数据分析，在归纳总结学术影响力评价研究的基础上，总结出学术影响力的评价指标，对高校学术成果学术影响力的现状及问题进行对比分析，期望根据对比结果在网络社交媒体等方面提出提高高校的公众学术影响力的有效建议和措施。

合理利用和发掘数据的价值，是进一步发挥新媒体和大数据技术在运营方面的优势的关键。如何对采集的信息进行有效的数据分析和数据挖掘，使得数据分析更加有效地驱动内容运营，是使用大数据技术做好学校形象塑造的新路径。

小结与经验

大数据不仅以数据量的规模来衡量，更重要的是大数据包含了用户完整的行为信息链，可以通过技术手段分析用户的习惯与偏好，对于新媒体运营我们需要完成两项关键的步骤，即要将用户行为数字化，再从数字化信息中提取出共性特征，让内容的运营更贴合受众需求，也能够掌握我们传播的主要影响力节点，用最小的投入获得更大的传播效果，实现影响力最大化。

第十三章

智能媒体
超越你的想象

机器学习、人工智能、虚拟现实、增强现实、语音识别等技术的发展，为我们的宣传工作提供了新的空间，“AI+新媒体”的模式将成为今后媒体发展的趋势，也让未来的新闻发布耳目一新。智能媒体将会在宣传选题、选择传播路径以及实现表达效果上提供更多的助力。

1 虚拟主播与虚拟直播

·虚拟主播的产生
·虚拟主播的应用场景

曾经以为只存在科幻电影里的“分身术”，如今在AI技术的加持下竟然变成了现实——当你正在和主持人聊天时，她却出现在电视直播间里。这一切都归功于虚拟主播的诞生。早期的虚拟主播，是利用信息技术手段生成一个虚拟形象来替代人工进行播报。随着互联网的发展，虚拟主播技术也在快速成熟，将机器学习等人工智能与三维虚拟形象等技术相结合，可以在短时间内用真人的自拍照片生成三维的虚拟人物形象，而且这个“主持人”的人物形象、动作表情和声音语调足以“以假乱真”。

纵观虚拟主播的发展史，其与互联网技术的发展密不可分。在Web 1.0时代，2001年，英国PA New Media公司推出世界上第一个虚拟主持人“阿娜诺娃”（Ananova，图13-1）。虽然“她”是一个只有头部动画、表情也略显僵硬的2D虚拟人物，但因其可根据新闻脚本快速制作视频，并可24小时持续播报的特点，还是在全球刮起了一阵打造“虚拟主持人”的飓风。我国最早的虚拟主播叫“小龙”（图13-2），2004年在央视 CCTV-6 频道《光影周刊》栏目初次亮相。虽然“小龙”采用三维形象出现在观众面前，但由于当时技术水平的限制，“小龙”只是达到了虚拟主播的技术标准，其播报与主持工作需要在人力支持下才能完成。2013 年，安徽卫视在《黄金年代》节目中运用了 360 度无死角舞台，并且现场没有主持人，启用机器模拟人声 Mr. golden 主持。2015 年，微软“小冰”以见习主播的身份，加入东方卫视早间新闻栏目《看东方》，替代原来的播报员播报天气。

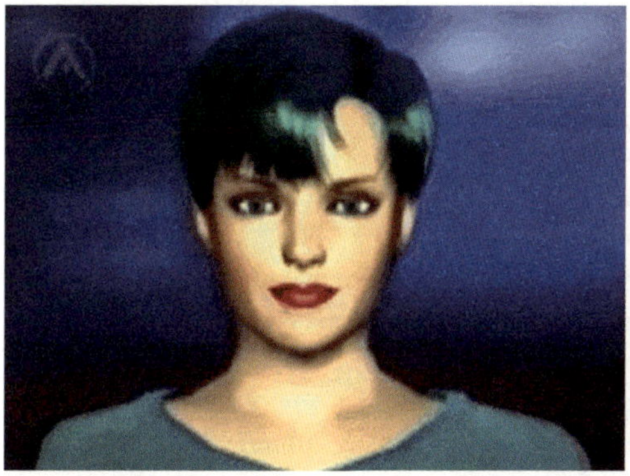

图 13-1 “阿娜诺娃”

图 13-2 “小龙”

2016 年，一位被称为“绊爱（kizunaai）”（图 13-3）的虚拟主播在 YouTube 上首次亮相。与早期虚拟主持人不同，“绊爱”是由真人扮演而成，“绊爱”的原理可以简单理解为：专业公司事先制定好“绊爱”的 3D 模型，动态表情和动作由真人穿上动作捕捉设备在背后控制，声音由声优去配音及对口型，由此进行视频录制或者直播。虽然“绊爱”是以二次元形象出道，但是从“绊爱”的播报状态上来看，无论是 3D 形象，还是语音动作，相比早期的虚拟主持人都明显更胜一筹。随着“绊爱”的走红，2018 年 12 月，国外 Vtuber（Virtual YouTuber）开始入驻 B 站，衍生出 Vup（虚拟 UP 主）的概念。

图 13-3
“绊爱”

2016 年，一款围棋人工智能程序阿尔法围棋（AlphaGo）战胜围棋世界冠军、职业九段棋手李世石，迎来了人工智能史上的重大时刻。AlphaGo 取得的经验在多个领域中开始得到应用。在这个独特的时代背景下，虚拟主播与 AI 技术的相遇也为虚拟主播迎来了 Web 2.0 时代的高光时刻。

2018 年 11 月，搜狗公司联合新华社在第五届世界互联网大会发布全球首个全仿真智能 AI 主持人。2019 年两会期间，搜狗与新华社新媒体中心联合推出全球首个 AI 合成女主播——“新小萌”（图 13-4）。她最大的特点是从过去坐着播报新闻改为站立式播报，并且可以做出肢体动作。与此同时，人民日报也推出 AI 虚拟主播“小晴”（图 13-5）。同年 6 月，新华社、俄罗斯塔斯社和搜狗公司联合推出了全球首个俄语 AI 合成主播，该主播在未来将被应用于塔斯社的新闻报道中。

图 13-4　新华社虚拟主播“新小萌”

图 13-5　人民日报虚拟主播“小晴”

上文中提到 YouTube 的虚拟主播“绊爱”，早期以短视频投稿为主，但是后期随着直播业的兴起，虚拟直播逐渐走入大家的视野。虚拟直播和虚拟主播的原理类似，都是对动作、表情等进行捕捉后以虚拟形象出现在直播画面中。目前虚拟直播在很多行业已经开始使用，例如直播带货，可以实现 7×24 小时的自动直播，不仅可以向用户介绍产品，还可以与用户进行智能问答。

在 Web 3.0 时代，5G、4K、AI、VR、AR 等技术更加成熟，虚拟主播和虚拟直播或许会迎来井喷时代。在和真人搭档做节目时，利用人工智能技术，虚拟主播可以拥有真人无法达到的知识储备，弥补真人主持在某些方面的不足；直播带货时，利用 VR 和 AR 等技术，再加上 5G 的高速和低时延，用户可以更加及时全面地了解商品，而且这个主播永远不会累倒。2020 年虚拟偶像的“破圈”程度前所未有，以 B 站为代表的平台在多年的技术迭代与积累的基础上，虚拟偶像或许会赢得更多青少年的喜爱。

案例 1：天津大学虚拟主播——“海小棠”

在 2019 年召开的第三届世界智能大会上，天津大学推出了全国首个高校智能主播“海小棠”。这是一款基于深度学习的语音合成技术的智能主播，已经具备了和真人主播一样的播报能力。只需要提供文字，“海小棠”就能准确无误地像真人主播一样播出新闻，而且可以 24 小时滚动播出。“海小棠”媲美人声的能力源于天津大学智能语音团队全国领先的语音生成、语音交互与语音合成的算法。通过训练，“海小棠”的声音不再僵硬，声音的抑扬顿挫与人声一模一样。

案例 2：中传媒虚拟主播——“传传”

2020 年 5 月，中国传媒大学在其官方微信公众号上线了一个名为《传传播报》的栏目，开启了虚拟主播的探索尝试。这位虚拟主播在虚拟演播间为师生播报校园新闻。据当期节目介绍，这位自称为“传传”（图 13-6）的虚拟主播属于 1.0 版本，栏目播报运用了面部捕捉、三维模型制作等技术，同时利用其他软件进行技术支持和后期制作。后期将通过智能语音、AI 信息处理、情感计算等技术，实现从现有虚拟主播到 AI 虚拟主播的产品演进。

图 13-6　中国传媒大学虚拟主播

2 无所不能的网络机器人

·写稿机器人
·网络评论机器人
·社交机器人

当我们在互联网畅游时，你能想象到你正在阅读的新闻是机器人写的吗？你能想象到一些精彩的评论出自机器人之手吗？你能想象到在另一端和你聊天的是一个机器人吗？大数据和人工智能等技术的广泛应用，催生出了网络机器人，这些机器人被应用在了许多方面，诸如可以自动写新闻的机器人，能和别人聊天互动的机器人，能给新闻写评论的机器人，等等。

写稿机器人实际上是一种数字技术和智能写稿编程系统。它用机器代替人完成实时监控信息源，利用文本解析和信息抽取技术实现自动信息抽取，采用机器学习算法并融合编辑记者团队的经验和智慧，以模板和规则知识库的方式，根据实时抽取的信息做出判断，输出相应的模板及规则知识库内容，从而产生新闻，以此应对海量、高速、多样的大数据产生的信息。和传统的新闻写作相比，写稿机器人可以瞬间完成海量阅读、海量分析，尤其是针对上市公司的公告、财务报表、官方发布、社交平台、证券行情等信息源，既提高了新闻的时效性，又同时节约了成本。

从目前找到的新闻报道中我们发现，最早是美国汤姆森公司在2006年推出的写稿机器人。写稿机器人利用提前内置好的程序代码，对海量的数据进行分析后自动生成经济和金融方面的新闻报道。写稿机器人的基本原理是及时获取海量数据，并从这些信息中筛选出符合需求的数据，然后将有效信息重新整理组合，套用固定新闻模板生成正式的新闻报道。

近年来，我国也逐渐重视写稿机器人的发展。2015年9月，依靠腾讯公司自身的技术积累，腾讯网财经频道发出由其“Dream writer”写稿机器人编写的第一篇新闻，这是我国新媒体领域写稿机器人的首次尝试。随后，新华社“快笔小新”出现，从事体育和经济新闻报道，标志着官方媒体开始了对新闻智能化的探索。作为新的科技生产力量，写稿机器人正在改变新闻界，影响着传统媒体生产方式的变革。

案例3：突发事件中的写稿机器人

2017年8月8日21时19分，四川九寨沟县发生7.0级地震。21时37分15秒中国地震台网机器人即自动编写地震相关情况的稿件，仅用25秒便出稿，540字并配发4张图片！内容包括速报参数、震中地形、热力人口、周边村镇、周边县区、历史地震、震中简介和震中天气8大项。资料显示，中国地震台网的写稿机器人是2015年下半年开始研发的。该机器人会根据本地数据网络、接口调用和空间分析等多种技术自动写稿完成地震信息发布，通过新闻客户端、微博、微信、短信、邮件向公众快速报告。2016年，该机器人开始投入测试，现在已经开始接入今日头条等各种平台，触达更多的用户。（图13-7）

随着人工智能等技术的发展，未来的写稿机器人或许可以根据用户点击量和用户阅读习惯等指标进行追踪分析，瞬时筛选出下一个热点新闻，并通过后台的算法快速合成新闻，为用户提供更加个性化的定制服务。但是目前写稿机器人存在的包括版权、权威性以及写作伦理等问题应被正视。

网络评论是用户对新闻事件表达自己观点的重要方式，用户展示自己的态度，不同用户之间可以相互交流，评论数量常常作为文章的评价指标之一，因此，人工智能时代能够自动生成网络评论的机器人受到广泛关注。网络评论机器人不仅可以自动增加新闻的评论数量，同时可以增强用户对少量评论文章的阅读体验，吸引更多人关注。网络评论机器人生成评论的方式有很多，

四川阿坝州九寨沟县发生7.0级地震

中国地震台网 2017-08-08

速报参数

据中国地震台网正式测定，8月8日21时19分在四川阿坝州九寨沟县发生7.0级地震，震源深度20千米，震中位于北纬33.20度，东经103.82度。

震中简介

九寨沟县隶属于四川省阿坝藏族羌族自治州，与甘肃省文县、舟曲、迭部三县连界。地势西高东低，海拔在2000米以上。矿产资源较丰富，地处中国六大金成矿带之一的川西北金三角区内。境内九寨沟风景区是享誉中外的旅游景点。该县面积5290平方公里，下辖3镇14乡，2015年人口约8.1万人，2015年GDP达24亿元。

震中天气

阿坝藏族羌族自治州今天天气情况：多云，无持续风向微风，全天气温22~8℃。未来3天天气情况：9日，多云，气温20~7℃，无持续风向微风；10日，多云转阴，气温18~9℃，无持续风向微风；11日，阵雨转阴，气温18~6℃，无持续风向微风。

产出说明

以上内容由机器于2017年8月8日21时37分15秒自动编写，用时25秒，公测阶段仅供参考。

图 13-7
中国地震台网写稿机器人发布的地震信息

最常见的是由人工提前将大量的评论录入素材库，机器人从素材库提取适当的评论进行发布，也可以从标题或者正文中直接提取关键词进行评论。然而当网络评论机器人遇上 AI 技术时，已经可以实现自己阅读、自己理解和自己评论。但是我们也需要看到它存在许多潜在弊端，例如，这些网络评论机器人会不会被用于自动发布大量虚假言论和恶意竞争等方面。

案例 4：北航评论机器人算法

2019 年，微软联合北京航空航天大学提出了一个可以生成新闻评论的深层模型 DeepCom。与传统简单生成评论的机器人不同，模型 DeepCom 的开发人员基于人类进行评论时的一系列行为，将 DeepCom 分为阅读网络和生成网络，具体的算法本文不做讨论。阅读网络可以理解为机器人模拟人类进行全文的阅读，通过特定的算法网络理解文章，并提炼出一些关键点。第二阶段同样是在特定算法环境下根据第一阶段的结果生成评论。为了验证这个模型的效果，开发人员对腾讯网和雅虎网的两个数据集进行了验证，验证结果表明该模型在自动评价指标和人工评分上都明显优于现有方法。

社交机器人是人工智能技术应用于在线社交网络的产物，具体指在线社交网络中模拟人类用户，自主运行、自动生产发布内容的算法智能体，它承担着聊天网友、智能客服等角色。我们此处讨论的社交机器人虽然被称为“机器人”，但和我们经常在商场等地方看到的机器人大有不同。它抛弃了传统智能机器人笨重的“身体”，以虚拟形象徜徉在社交网络中。相较于传统的机器人，它更为智能，可以模仿真人用户在网络中的行为模式进行社交，如对话、关注、点赞、评论和转发等操作。

案例 5：社交机器人

在 2009 年，市场咨询服务公司 Sysomos 的一份报告就指出，有大约 24% 的推文内容由社交机器人生成。Facebook 在 2012 年也公开表示社交机器人占其所有账户的 8.7%，大约 8300 万个账户。有学者指出，尽管社交机器人的在线对话参与者只占所有用户的 0.28%，但它们对社交平台的所有对话却有巨大的影响力。在 2016 年美国大选中支持特朗普的推特流量是支持希拉里推特流量的 2 倍，其中，支持特朗普推文中 36.1% 是由社交机器人驱动的，可以看到社交机器人不仅仅只是一种娱乐工具，已经成为了网络上左右人们价值判断并塑造影响力的有效手段。

3 基于 AI 的新闻线索

·用 AI 辅助新闻宣传选题预判

我们知道，新闻工作者获取新闻线索的方式有很多，包括社会大众的爆料、其他媒体的报道、新闻事件当事方的主动投稿等。互联网时代，网络平台逐步成为获取新闻线索的重要来源，尤其是微博、微信等新兴媒体的出现，使传统的线索获取方式已经远远不能满足需求。一个新闻工作者还应该善于从互联网上大量复杂多变的信息中寻找新闻线索，但是如果单纯依靠人工去寻找，既费时又费力，AI 技术在新闻工作中的应用有望彻底解决这一难题。早在前几年专家学者们在探讨 AI 对媒体行业的影响时，有专家介绍了“Reutres News Tracer”。这是路透社早期内部使用在 Twitter（推特）上的一款工具，它能够监测随时出现的各类新闻事件、检测社交媒体信息的真实性。Reutres News“Tracer”具体功能亮点有：能够实时监测社交媒体上的新闻；用算法去问记者平时可能会问的问题，倒推新闻的真实性；通过算法和机器学习挑选出哪些是新闻，哪些是广告、谣言或一般性对话，并摘出要点，同时把相同类别的新闻相叠，组成数据；给记者和编辑提供可靠的素材和资源。

近几年随着互联网的大范围应用和普及，各类短视频、移动客户端等新兴媒体的兴起，新闻线索已经不单纯来源于社交平台，针对全网的线索发现越来越迫切。尤其是融媒体的概念提出后，新闻线索作为融媒体内容生产的源头，很多融媒体平台都把线索发现看成一个核心功能。融媒体平台自动实时对互联网信息进行采集，再利用大数据分析、人工智能等技术，把海量信息进行分类汇总，快速提取所需的新闻线索，并且可以按照热度进行排名，为记者进行新闻挖掘提供思路。有的平台可以实现自定义设置，设定好自己关注的领域，平台可以把重点线索实时推送至手机，使记者可以及时获取有价值的线索。同时，大数据分析对比可以判断信息的真伪，有效提高新闻生产的时效和质量。

4 增强现实技术与未来的新闻发布

·AR 与 VR 的应用场景

我们在科幻片中经常看到这样的场景：影片中的人物在空中轻轻一挥手，一块虚拟屏幕便出现在眼前，这块屏幕可以随意拖动位置，也可以像实际使用平板电脑和手机一样实现点击、触摸等各种功能。这些画面看似离我们很遥远，但增强现实 (Augmented Reality，简称 AR) 技术正在让这种科幻场景走进我们的现实世界。AR 技术是一种将虚拟信息与真实世界巧妙融合的技术，广泛运用了多媒体、三维建模、实时跟踪及注册、智能交互、传感等多种技术手段，将计算机生成的文字、图像、三维模型、音乐、视频等虚拟信息模拟仿真后，应用到真实世界中，两种信息互为补充，从而实现对真实世界的“增强”[①]。

AR 技术已经在教育、游戏、医学、购物以及工业等领域具有广泛且成熟的应用。本节内容我们主要探讨 AR 技术在新闻传播领域中发挥的作用，尤其是在当前融媒体环境下，AR 技术已经在改变着新闻

①胡天宇，张权福，沈永捷，等．增强现实技术综述 [J]. 电脑知识与技术 .2017(34)，194-196.

报道方式。在以往的新闻报道中，记者通常会把现场采访记录的文字和拍摄的照片、视频进行编辑，然后传送回电视台，再通过电视广播和网络平台进行发布。近几年随着5G通信技术的成熟，在很多新闻报道中已经出现了5G现场连线等方式向观众第一时间传回现场实况。尤其是在突发事件的报道中，这种方式可以让观众第一时间了解现场情况。但是无论采取记者采访编辑后发布还是5G现场连线方式，或者以记者传递的信息为主，用户都只能基于记者的镜头和文字被动接收信息，无法根据自己的意愿去了解自己想了解的信息。罗伯特·斯考伯和谢尔·伊斯雷尔在《即将到来的场景时代》中断言：“大数据时代后，下一个趋势便是场景时代！”他们认为“场景”是基于移动终端、传感器、社交媒体、大数据、定位系统的应用技术以及由此营造的“在场感”。因此，在5G技术和AR技术的驱动下诞生了AR新闻。AR新闻通过计算机模拟产生一个虚实结合的三维立体空间，用户沉浸在其中，仿佛置身于真实的现场环境。在未来的新闻发布会现场，可以设置多角度多方位的AR摄像机等设备，记者也可以通过佩戴AR眼镜等设备，在新闻发布会现场进行实时的第一视角采访，通过这些AR设备和AR技术进行处理，让受众和记者处在同一空间中，受众可以从不同的角度“围观”现场，身临其境的视觉和听觉体验让受众产生更强的现场参与感和获得感。

案例6：AR技术在新闻报道中的沉浸式体验

2019年是中华人民共和国成立70周年。在年初，各类媒体纷纷开启相关主题报道的预热，采用了图文、视频、H5和MG动画等形式多样的宣传报道，但是大多数产品仍旧停留在单向输出层面，如何提高用户的体验，激发用户的分享意愿，从而为宣传报道带来更大的影响力。中国国际电视台（CGTN）在宣传报道方式上另辟蹊径，创新采用AR技术，给用户提供沉浸式体验，不再是单纯的内容输出，让枯燥的历史变得有趣起来。CGTN利用ARCore（谷歌推出的搭建增强现实应用程序的软件平台）和Sceneform（一款用户开发人员使用的3D框架）技术开发了“三转一响”四个三维模型。当用户打开手机摄像头，立体逼真的老物件便会跨越时空跃然眼前，用户自身可以身临其境地感受这些老物件（图13-8）。Google Sceneform 为开发者提供了一个高级场景图应用程序接口（API），采用这一渲染技术创造的虚拟物体模型拥有更完美的光照效果、更精准的边界追踪。其实早在2018年，CGTN已经面向海外青年用户开发出了CGTN AR熊猫（图13-9），其活灵活现的形象得到网友的广泛关注，取得良好的传播效果。

案例 2：天津大学录取通知书 AR 技术的应用

AR 技术目前在高校的应用已经非常广泛。“亲爱的同学你好呀！我是全国首个高校智能新闻主播‘海小棠’，恭喜你成为天大的一员！准备好度过四年难忘的大学时光了吗？加油吧！”当你用手机扫一扫录取通知书上“北洋大学堂”的图案，一个活灵活现的 3D 卡通影像及其声音便会瞬间出现在手机上，热情洋溢地欢迎新同学并介绍天津大学的信息。这是天津大学送给 2019 级本科新生的一份科技感十足的惊喜。与往年的录取通知书不同，这份录取通知书融合了智能主播“海小棠”。“海小棠”能够进行机器学习，具备和真人一样抑扬顿挫的语音播报能力，同时结合 AR 技术能够实时计算摄影机影像时的位置及角度并加上相应图像，将真实世界信息和虚拟世界信息“无缝”对接。这也是全国首批采用 AR 技术设计的大学录取通知书。（图 13-10）

图 13-8
CGTN 用 AR 技术
让老物件“活”起来

图 13-9
CGTN 推出的 CGTN
AR 熊猫

图 13-10
天津大学融合了 AR 技术的
录取通知书

小结与经验

从以上四节的内容来看，无论是虚拟主播还是写稿机器人的出现，也无论是人工智能还是增强现实技术的发展，先进技术在新闻媒体行业的发展原则是，必须坚持以人为本，在人机协同的大基调下开展。一方面应当明确新闻生产中的底线与原则。媒体具有社会公共性。无论是 AI 合成主播的参与，还是写稿机器人或网络评论机器人的参与，新闻报道都应当将准确、客观作为基本准则。另一方面是明确责任的归属。例如在 AI 合成主播的新闻生产中，前期应该明确 AI 主播的技术人员对播报内容以及对内容产生后果的责任归属。

新媒体
重塑高校
影响力

第十四章
海外传播力
塑造不一样的
国际形象

当今世界正在经历百年未有之大变局，中国逐渐进入国际舞台的中心。我们越来越意识到我们在国际传播方面的话语权还很薄弱。我们要讲好中国故事，向世界展现真实、立体、全面、多彩的中国，高等教育作为国家文化软实力的重要组成部分，在对外传播大浪潮中，也应勇立潮头，积极在国际教育舞台上谋求话语权，推动中西文明平等对话，交流互鉴。

1 高校海外传播：挑战与机遇

·高校开展海外传播的背景和意义
·高校海外传播现状

2021 年初，李子柒以 1410 万的订阅量，刷新了她在 2020 年 7 月创下的“YouTube 中文频道最多订阅量”的世界纪录，成为中国文化输出的一道美丽风景线。对比这位以“人格化”传播策略，从海外社交平台中突围而出，传播中华传统文化的纤弱女子，正在建设“双一流”大学的中国高校，应该在国际传播中起到什么样的作用呢？

※ 全球化时代高校的立场与担当

长期以来，我国的国际传播工作主要依赖国际机构和传统主流媒体。而李子柒等民间传播主体在海外走红（图 14-1），显示出公共外交时代多元传播主体在国际传播中大有可为。作为多元传播主体之一，高校推进海外传播工作，既符合高校历史与现实的定位，又是本质使命使然。

中国高校自发轫之端，就紧紧与国家前途命运相连，与世界形式密切相关。从兴学救国、科学建国到教育强国，高校时刻从国家发展和民族振兴的需求出发，回应社会关切。面对新一轮的全球化进程，

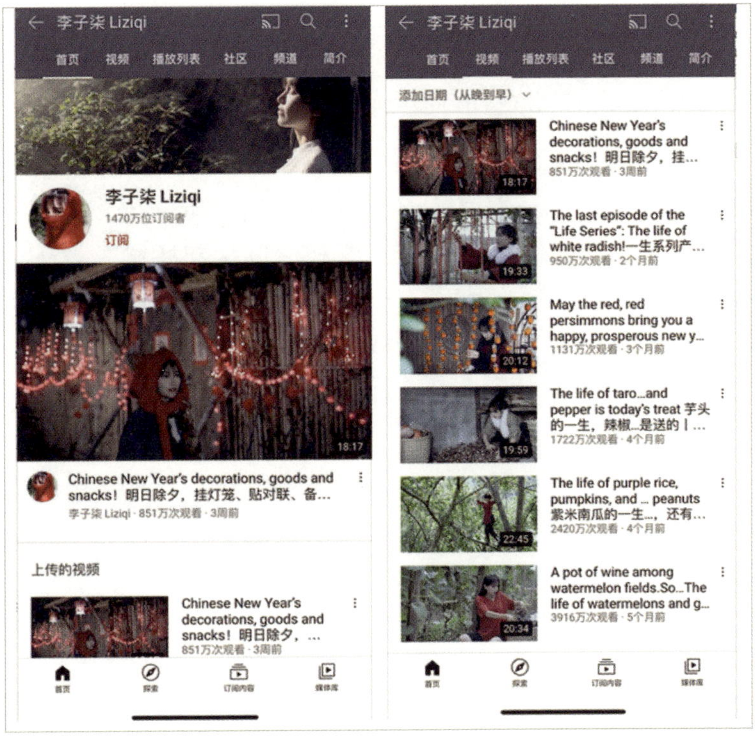

图 14-1
李子柒 YouTube 账号

2015 年 11 月国务院正式印发《统筹推进世界一流大学和一流学科建设总体方案》，明确提出“双一流”大学建设要“切实提高我国高等教育的国际竞争力和话语权，树立中国大学的良好品牌和形象”。

高校开展海外传播，也是由其国际化的使命任务决定的。以美国大学为首的西方大学一直是国际化道路上的领头雁。很多大学将“国际化”写入自己的使命陈述中，华盛顿大学的培养目标之一是“国际理解和交流”，密歇根大学提出“为全世界服务”，宾夕法尼亚州立大学提到了“全球校园”，而波士顿大学的使命是培养“世界公民”。

在“双一流”高校建设过程中，我国各高校也不断在全校化背景下明晰自身在全球高教领域中的地位作用，从而厘定自身的发展目标、定位和愿景使命。清华大学在其大学章程中明确提出，学校坚持世界一流、中国特色、清华风格的发展道路……致力于成为全球卓越的高等教育和学术研究机构。北京大学明确要“追求世界最高水准的教育，培养以天下为己任，具有健康体魄与健全人格、独立思考与创新精神、实践能力与全球视野的卓越人才”。浙江大学、天津大学等高校均把培养具有全球视野的高素质创新人才列为其育人目标。

对国际化的理解，剑桥大学校长 Alison Richard 认为，大学国际化的最大好处是把世界变得更加美好，这其中包括通过教育，让更多的人了解世界各国的语言和文化，把世界带给英国，把英国带给世界。普林斯顿大学校长 Shirley M. Tilghman 认为，要让学生了解异国的语言、宗教、文化，要在全世界的学院和学院之间、学校和学校之间架起桥梁，要让学者相互交流，这是学术所必需的。

可见，国际化重要任务之一是推进国际交流合作，打造国家和民族对外文化交流的重要窗口，而海外传播是实现这一任务的重要途径。

※ 酒好也怕巷子深

“海外”一般指中国大陆、香港、澳门、台湾以外的地方。学者们普遍认为，广义的海外传播包括跨越国界的大众传播和人际传播。高校开展海外传播，是指利用大众传播和人际传播等手段，进行有利于塑造自身形象、提升国际影响力、加强与海外交流和沟通的一切传播活动。

中国高等教育经过一百多年的发展，从规模到质量都取得了长足的进步，但在国际声誉提高上却没有取得相应的发展。重要原因之一是我国高校的海外传播工作还处于起步阶段，从各高校在国际传播重要渠道——海外社交媒体平台的使用情况上可见一斑。

表 14-1　内地 17 所高校 Facebook 平台使用情况

高校名称	传播力前十上榜次数	Facebook 平台使用情况	Facebook 账号创建日期	粉丝数	内容更新频率
清华大学	4	官方认证主页	2015 年 12 月	288 万	3~4 条 / 天
北京大学	4	官方认证主页	2017 年 3 月	256 万	3~4 条 / 天
浙江大学	4	官方认证主页	2016 年 7 月	22 万	1~2 条 / 天
南京航空航天大学	4	官方运营未认证	2015 年 4 月	21 万	1~2 条 / 天
复旦大学	4	无官方运营主页	—	—	—
中国美术学院	3	官方运营未认证	2017 年 6 月	14 万	1~2 条 / 天

续表

高校名称	传播力前十上榜次数	Facebook平台使用情况	Facebook账号创建日期	粉丝数	内容更新频率
天津大学	3	官方运营未认证	2017 年 12 月	12 万	1~2 条 / 天
南京大学	3	无官方运营主页	—	—	—
上海交通大学	2	官方运营未认证	2018 年 3 月	1.7 万	1~2 条 / 天
北京航空航天大学	2	官方运营未认证	2018 年 3 月	15 万	1 条 / 两天
北京外国语大学	1	官方运营未认证	2020 年 3 月	9.3 万	3~4 条 / 天
北京师范大学	1	无官方运营主页	2018 年 8 月	2632	1~2 条 / 天
中国科学技术大学	1	无官方运营主页	—	—	—
四川大学	1	无官方运营主页	—	—	—
华中科技大学	1	无官方运营主页	—	—	—
华东师范大学	1	无官方运营主页	—	—	—
对外经贸大学	1	无官方运营主页	—	—	—

表 14-1 展示了中国内地 17 所高校通过全球最大的社交媒体平台脸书（Facebook）开展宣传工作的情况，这 17 所高校为 2017 年—2020 年北京师范大学相关研究机构发布的《中国大学海外网络传播力》报告中，曾进入中国内地高校海外传播力前十的高校，比较能反映中国高校目前海外传播情况。

从表中可以看出，国内高校对海外社交平台使用相对较少。17 所高校中，仅有 9 所高校在 Facebook 上开设账号并进行日常运营，其中仅清华、北大和浙江大学通过了 Facebook 的认证许可（图 14-2），通过许可认证的主页意味着 Facebook 已确认主页是真实的和官方的，在搜索中排名更靠前，能吸引更多访问者，对主页的可信度和可见性大有裨益。清华大学 2015 年开始注册账号开展运营，为内地高校以官方身份正式运营海外社交媒体账号的第一人，即使这样，依然晚于西方高校近 6 年时间。美国哈佛大学 2009 年在

Facebook 开通账号运营，到 2021 年 Facebook 平台粉丝突破 624 万，为全球拥有粉丝数最多的高校之一。

在国家推进国际传播能力建设、提升国际话语权的大背景下，在“双一流”建设和国际化进程中，高校海外传播力不但关系到自身在国际上的知名度、美誉度和影响力，而且关系到中华文化在世界其他国家的传播。高校应加快推进海外传播力建设，为中国教育走向世界舞台营造良好的国际舆论氛围，为世界教育提供“中国方案”与“中国智慧”。

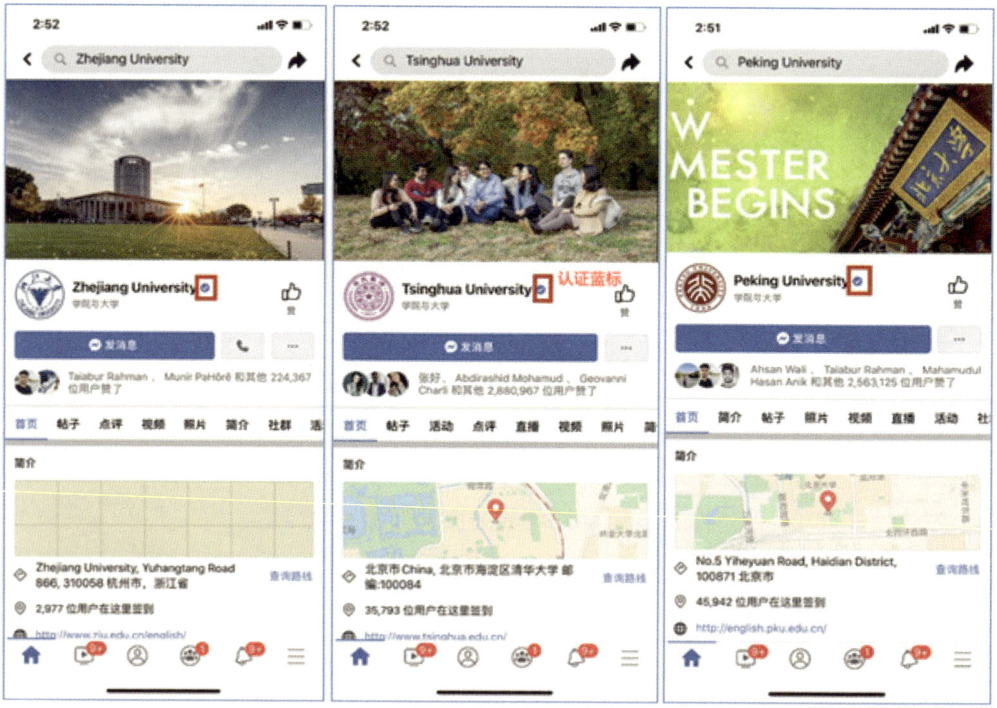

图 14-2　清华大学、北京大学、浙江大学在 Facebook 平台的官方认证主页

2 海外传播力的关注点

·海外社交平台选择
·海外社交平台特点

每一个社交网站就是一个舆论场，只有置身其中才有可能对自己的相关舆论获得主动权[①]。

根据 We Are Social 与 Hootsuite 合作发布的最新《2020 全球数字报告》，数字、移动和社交媒体已成为全世界人们日常生活中不可或缺的一部分。现在，超过 45 亿人使用互联网，而社交媒体用户已突破 38 亿大关。全球近 60%的人口已经上网，超过一半的人口在使用社交媒体。

社交媒体空间不仅是开展国际传播活动的必争之地，更是高校走上世界舞台，实现品牌塑造“弯道超车”，提升新的传播环境下的传播力、影响力的最佳途径。然而，选择哪一个或者哪几个平台进行运营，以哪个为主，哪个为辅，每个账号应该发布什么内容，每个账号运营的目的又是什么，是在投入人力、物力、财力之前需要研究清楚的问题。

①方增泉，祁雪晶，杨可，等.《双一流战略背景下中国高校海外网络传播力现状及发展对策建议》[J].《情报工程》，2018(4),2, 83-89.

※ **Facebook**

创建于2004年的Facebook，中译名“脸书”，可以说是社交平台的鼻祖。目前是全球注册用户数量最多、支持语言种类最多、覆盖国家和地区最广泛的社交媒体平台，是开展品牌营销，树立品牌形象的用户金库。（图14-3）

Statista网站2021年2月份发布的一份数据显示，Facebook全球月活跃用户已突破28亿，跨越全球70多种语言，约占世界人口的三分之一。每天有12亿用户使用Facebook。在美国，用户每使用移动设备5分钟，就有1分钟花在Facebook或Instagram上，90%以上用户通过移动端进行登录，视频日浏览量超过80亿。

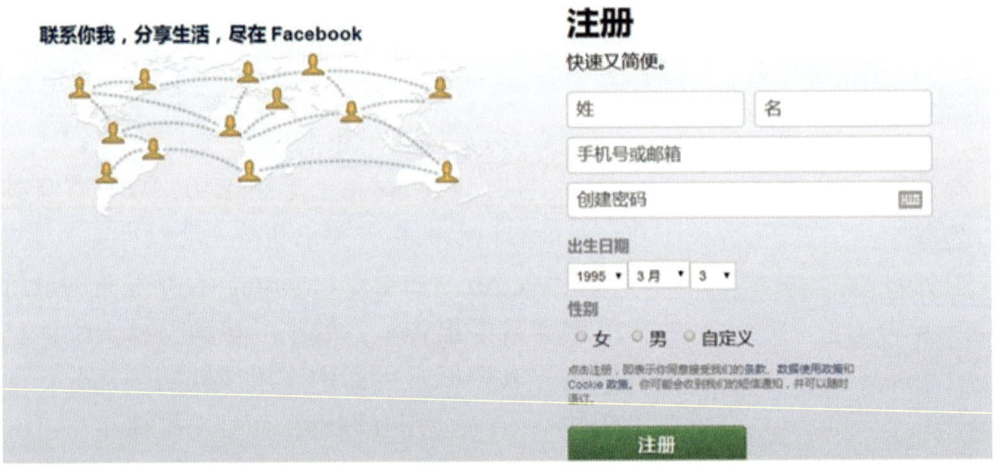

图 14-3　Facebook 注册与登录页面（来源于网络）

1. 平台基本信息

· Facebook个人账号是用户现实社交网络的延伸，主要用来与同学、朋友、同事、亲戚、共同话题爱好者或者其他关系者建立联系。志趣相投的人聚集在Facebook上，共同分享有价值或有趣的信息，朋友之间可以看到点赞、评论和转发。个人账号好友上限不超过5000个。

· 建立个人账号后，可以申请免费创建Facebook主页开展品牌营销，一个个人账号可以创建多个主页。主页免费被创建，没有好友上限限制。根据Facebook的使用政策，营销推广活动应该基于主页来开展。（图14-4）

· Facebook从内容上看，是社交媒体集大成者，几乎所有社交媒体平台最常见的媒体形式都能在其上面使用和传播，用户可以分享长短文博客、图片、视频，开展直播、视频聊天，还能够发起讨论活动。人们可以通过评论和点赞参与互动，通过邀请和分享跟朋友和粉丝分享主页。（图 14-5）

· Facebook 通过另一个应用 Messenger 在移动端实现即时通讯功能。

图 14-4
Facebook 创建主页示例
（图片来源于网络）

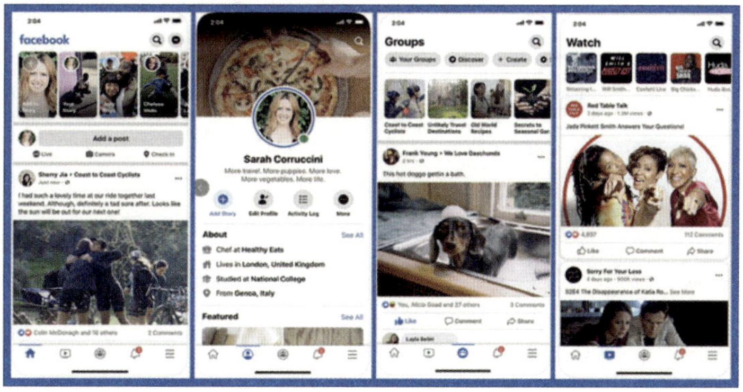

图 14-5
Facebook 预览
（图片来源于 Apple Store）

2. 用户特征

· 年龄跨度广，使用者年龄分布：13~17 岁人群占 51%，18~29 岁的人群占 79%，30~49 岁的人群占 79%，50~64 岁的人群占 68%。（图 14-6）

· 印度是 Facebook 用户最多的国家，美国其次。

· 74% 的用户每天至少访问一次网站，其中 51% 的用户每天访问几次。

3. 平台特点

强大的广告定位和多样化的广告目标。

Facebook 拥有目前社交媒体中最好的广告定位能力。创建主页的根本目的是利用平台开展品牌宣传，树立品牌形象，这个任务的前期需要有一定的粉丝基础。要想在庞大流量池中脱颖而出，被目标用户发现，投放 Facebook 广告是最快捷高效的方式。（图 14-7）

基于其巨大的人口特征数据库，比如用户在注册时填写的年龄、性别、职业、婚姻状况等，同时分析用户的兴趣爱好和社交网络关系。Facebook 广告可以非常精准地定位广告受众，要投放给哪些地区，哪个年龄段、哪种职业、哪种兴趣偏好的人群等，确保把正确的产品推送给正确的目标受众。

同时，Facebook 设置若干广告目标，高校比较常用的有“主页赞”，用于推广主页和涨粉，“主页帖文互动”旨在推广帖子，让更多的用户参与互动，帖子的内容可以是网址链接、图片、视频、活动及状态，比如推广国际招生

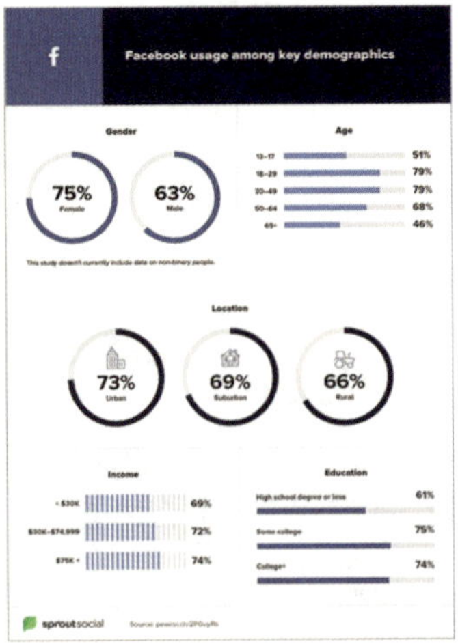

图 14-6
Facebook 用户数据分析
（图片来源于 sproutsocial）

图 14-7
Facebook 广告推广创建目标受众
（图片来源于网络）

宣传帖子。

※ Instagram

Instagram 是最受欢迎的图片和短视频分享网站，2010 年成立，2012 年被 Facebook 以 10 亿美元收购，是发展最快的社交平台之一，至今拥有超过 10 亿月活跃用户。63% 的用户每天至少登录一次（图 14-8）。

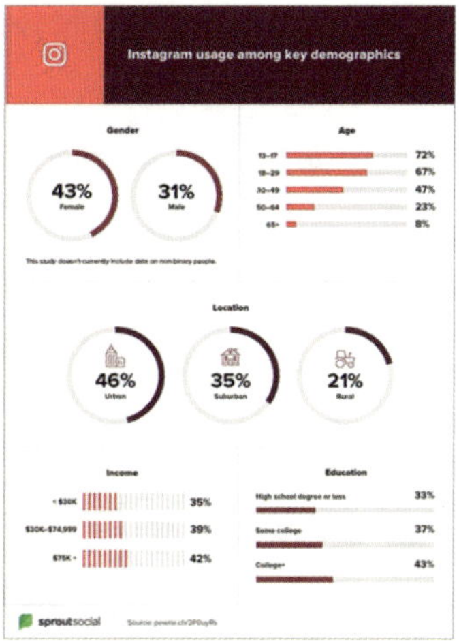

图 14-8
Instagram 用户数据分析
（图片来源于 sproutsocial）

与其他社交网络相比，Instagram 相对简单，它专注于与朋友分享照片，允许用户在任何环境下抓拍自己的生活记忆，提供图片滤镜服务。Instagram 在移动端融入了很多社会化元素，包括好友关系的建立、回复、分享和收藏等。

1. 平台基本信息

· 内容以图片和短视频为主，还可以发故事（stories）和站内消息。图片或短视频的说明文字理想长度在 138 到 150 字之间，如果是推广广告，应该少于 125 字。

· 时尚、旅游、食品、生活方式类内容十分受欢迎。

· 语录（quote），励志类照片通常会获得更多的互动。

· Instagram 上有很多网红（Influencers），而且他们影响力巨大，是品牌营销潜在的合作伙伴。

· 用户互动参与率很高，比 Facebook 高出约 70%。

· 不能在 post 中直接加入链接。

2. 用户特征

· 该平台最受年轻人青睐。13~17 岁和 18~29 岁的青少年中，分别有 72% 和 67% 使用它。30~49 岁的人下降到 47%，50~64 岁的人下降到 23%。

· 35% 的美国青少年认为 Instagram 是他们最喜欢的社交媒体平台，仅次于 Snapchat。

3. 平台特点

通过标签（# hashtag）来提高内容的曝光量。

标签是一种“标识”，用户通过在关键词前添加井字符（#）来创建标签，使得网络搜索引擎能够找到并对信息和关键字进行分类，将相同爱好、共同现象或者流行事物的照片联系起来，可以最大限度增加曝光率，从而可以增加粉丝的数目。

比如，用户在一幅照片上添加了“# 美食”，那么这幅照片就会很容易被搜索相关关键词的用户发现。每张照片最多可以添加 30 个标签。但注意不要滥用标签，添加过多的标签会使得评论冗长无趣，从而使得其他用户不愿意阅读。建议每张照片上使用 2 到 3 个与照片主题相关的标签。（图 14-9）

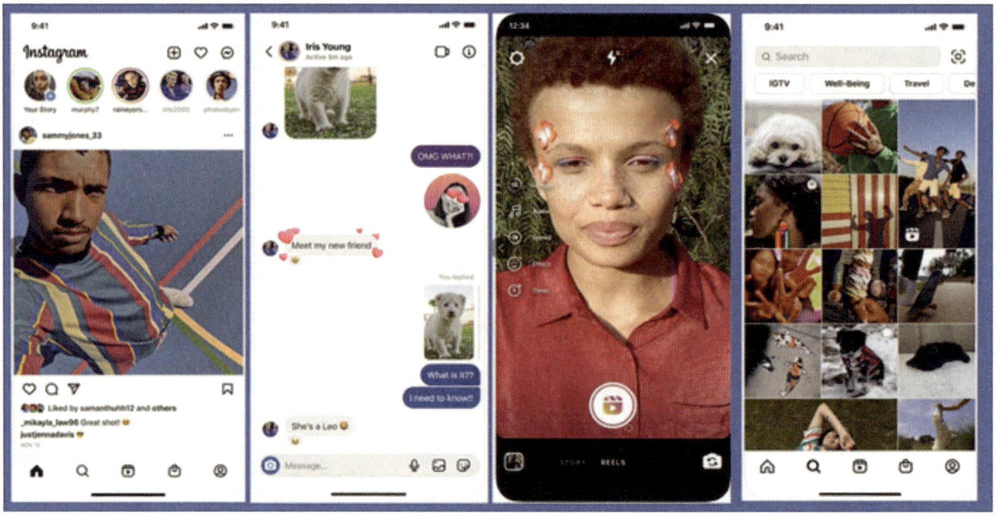

图 14-9　Instagram 预览（图片来源于 Apple Store）

※ Twitter

2006 年成立的 Twitter，是互联网上访问量最大的十个网站之一，被形容为“互联网的短信服务”。同 Facebook 和 Instagram 比起来，发展相对缓慢，10 年多时间总共积累了 3 亿多用户。但作为一个公开传播平台，用户可以关注任何行业大佬和名人。美国前总统特朗普在被 Twitter 平台禁止之前，利用其 Twitter 账号，直接与平台上的 3100 万美国人实时交流对话，宣扬他的政治主张。截至 2021 年 1 月 8 日，他被禁的那一天，他有近 8800 万追随者（followers）。

Twitter 有些像微博，用户可以寻找热门的新闻、话题，或者某些问题的答案。与 Facebook 不同，Twitter 是个陌生人社交网络。

1. 平台基本信息

· 可以快速跟进当下全球实时事件并开展热议话题讨论，可以加入开放的实时对话，或观看活动直播。（图 14-10）

图 14-10　Twitter 登录页面（图片来源于网络）

图 14-11　Twitter 预览（图片来源于 Apple Store）

· Twitter 最初为移动设备量身定做，所有的 Twitter 消息都被限制在 140 个字符之内（现在除中文、日文和韩文外已将上限提高至 280 个字符，因为研究发现 280 字推文能够收到更多的“赞”、转推和参与度，人们在 Twitter 上花费的时间也比之前多）。（图 14-11）

· 含有视频或者图片的内容往往更受欢迎，Twitter 具有照片滤镜功能。

· 每天更新一次是远远不够的，高频率的更新才能被看到。

· 对于品牌来说，Twitter 更适合做新闻发布或活动实时报道来进行品牌宣传。

· 利用 Twitter 的主题标签（hashtag），可以快速发现和跟进热点。这个主题标签自动呈现为一个超级链接，成为与推贴相关的某个主题的检索入口。点击这个入口，Twitter 将检索出所有与之相关的内容。

2. 用户特征

· 用户倾向于年轻人。13~17 岁和 18~29 岁的互联网用户中，分别有 32% 和 38% 的人使用 Twitter；30~49 岁和 50~64 岁的互联网用户中，分别有 26% 和 17% 的人使用 Twitter。（图 14-12）

· 绝大多数 Twitter 用户来自美国境外。全球每月有 3.3 亿用户，其中 2.62 亿来自美国以外的地区。

· 大学毕业生 Twitter 使用率高于高中毕业生。

· Twitter 用户倾向于更富裕的人群和生活在城市的人群。

3. 平台特点

“品牌舆情”的重要阵地。

Twitter 是消息传播最快速和便捷的通道。当一家企业或者机构需要发表声明时，Twitter 通常是第一选择；突发事件发生的时候，Twitter 是非常适合第一时间发布最新动态的平台。国际社会所知的第一条关于中国 2008 年汶

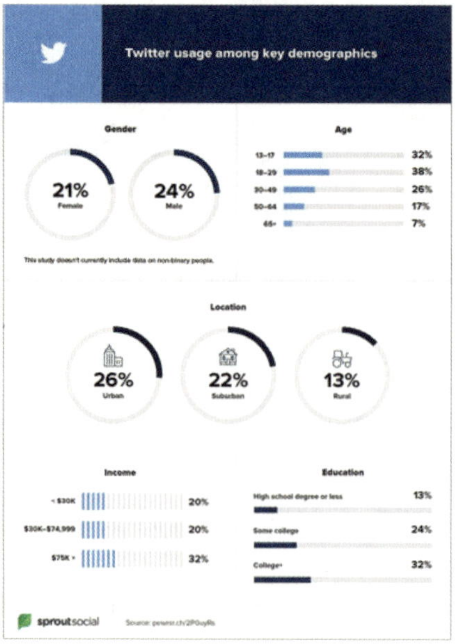

图 14-12
Twitter 用户数据分析
（图片来源于 sproutsocial）

川地震的消息就是由 Robert Scoble 通过 Twitter 贴文发布出来的。

Twitter 的实时性也要求用户慎重对待每一条贴文，因为任何一点失误都有快速被受众发现，并快速发酵引发舆情的可能。

※ YouTube

成立于 2005 年的 YouTube 目前已成为世界上最大的视频播客类网站，可供网民上传、观看及分享影片或短片。2006 年 11 月，YouTube 被谷歌收购，从那以后一直作为子公司经营，成为继谷歌之后的全球第二大搜索平台。

根据 YouTube 的内部数据，该平台月活跃用户遍布全球，数量达 20 多亿人，平台内容每日观看量累计超过 10 亿小时。

1. 平台特征

· 流量巨大，而且流量可变现，达到一定观看量的频道可以做广告。

· 上传和观看视频免费。

· 所有视频在 Google 均可被搜索到，有助于提高品牌在谷歌的搜索排名。

· 可以对视频语音进行自动翻译并添加字幕，目前支持 104 种语言的翻译。

· 同 Instagram 相比，YouTube 以长视频为主，质量很重要。上传的视频和音频都清晰易懂，没有不稳定的镜头。

2. 用户特征

· 33% 的互联网用户使用 YouTube。（图 14-13）

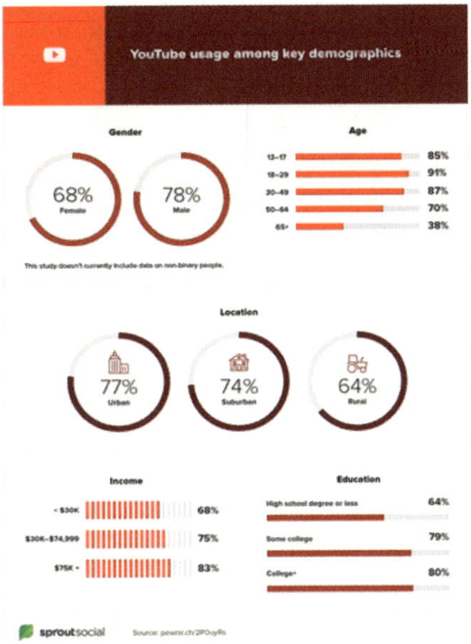

图 14-13
You Tube 用户数据分析
（图片来源于 sproutsocial）

·在 YouTube 用户中，13~17 岁的用户占 81%，18~29 岁的用户占 91%。随着年龄的增长，用户数量略有下降，65 岁以上的用户使用较少，仅有 38%。

3. 平台特色

优秀课程、讲座视频展示的重要平台（图 14-14）。

网络一份调查显示，YouTube 上最受欢迎的一类视频是教程类视频，为用户提供了一个成为行业教育者的门户。上传关于重要话题的网络研讨会或视频，既可以实现优质教育资源的共享，也可以借此提高品牌知名度和美誉度。

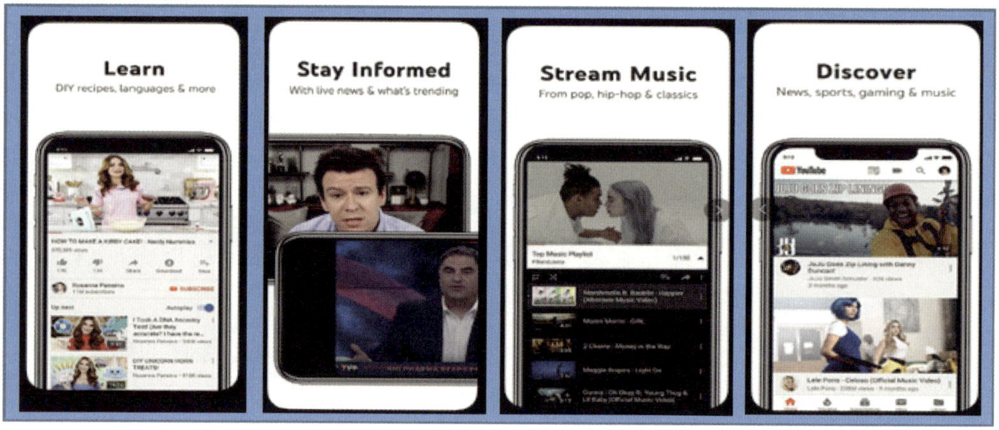

图 14-14　YouTube 预览（图片来源于 Apple Store）

※ LinkedIn

通常被称为职场版的 Facebook，于 2003 年发布，2016 年被微软收入旗下。作为全球领先的职场社交平台，用户数已超过 6.45 亿，覆盖全球 200 多个国家和地区。在国内称之为领英，是少数在国内可以自由使用的国际社交媒体平台。

LinkedIn 拥有用户详细的职业信息，对于 HR 招聘或 B2B 销售而言，是十分宝贵的人才库和销售数据库，也是

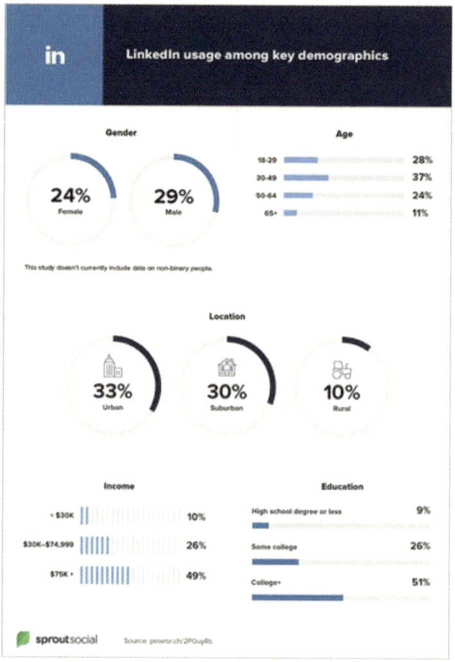

图 14-15　LinkedIn 用户数据分析（图片来源于 sproutsocial）

企业建立雇主品牌或行业领导力的平台。除了企业可以发布广告，用户也可以根据自己的需求（职业发展、商务发展、销售业务、招聘人才）升级为付费高级账户，与其他用户建立联系。

1. 平台基本信息

· 用户群体集中，为职场人士打造个人品牌和公司品牌职业形象。

· 招聘，发布职位空缺的功能。

· 在线付费广告功能。

· 可以通过加入某个话题的群组来找到适合的客户群。

2. 用户特征

· 男性用户与女性用户的比例为 24% 和 29%。（图 14-15）

· 30~64 岁的用户占 61%。

· LinkedIn 上有 6100 万的中层以上管理者，高层决策者超过 4000 万。

3. 平台优势

LinkedIn 最大的优势在于它的平台定位，即全球最大的商务社交媒体平台和全球最大的社交媒体招聘平台之一。（图 14-16）

另一个优势是它的群组（Group）功能。直接在 LinkedIn 页面上进行的对话要比在其他社交媒体营销平台上少很多。但是用户可以通过加入 LinkedIn 群组的方式，与来自同一行业或有类似兴趣的人见面，提问和回答问题，以及进行对话，有利于定向信息获取，并通过建立、扩展行业人脉资源推动品牌营销。

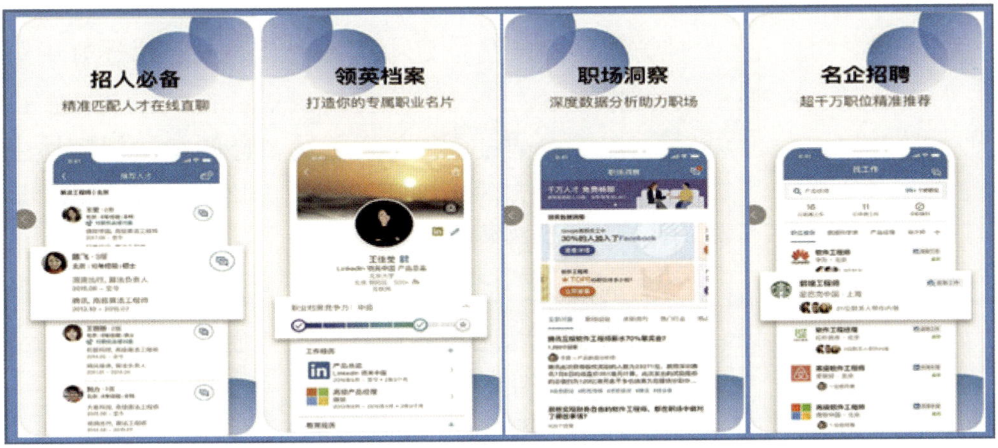

图 14-16 LinkedIn 中文版预览（图片来源于 Apple Store）

3 海外传播讲什么

· 海外传播的立意与选题
· 高校海外传播内容形式要点

同学们，我们来听个故事。一下子，大家都过来了，先不管故事讲解是否精彩，首先聚拢了一拨听众，给你进一步展示的机会。

亲们，一起看个广告呀。估计应者寥寥，因为人们从心理上排斥这种硬广。

讲故事，是最好的传播形式。

国家要推进国际传播能力建设，习近平总书记在一系列讲话中多次提到“讲故事是国际传播的最佳方式”，要传播好中国新时代声音，讲述好中国新征程故事。

以“YouTube 中文频道最多订阅量”视频博主李子柒为代表的个性化账号、人格化传播，讲的是中国故事中最鲜活、最接地气、最持久而又最有生命力的故事，通过记录个体的美好生活，讲我们的文化故事，以让人喜欢看、看得懂的方式讲出来，达至“润物细无声”的效果。

那么，作为知识象牙塔的大学，在海外传播中，尤其是在社交平台上，讲什么样的故事，传播什么内容呢？怎样精彩地讲出好故事呢？

不同于大众传播的媒体机构和个体转播者，高校有自身独特的使命和职能。无论是对内传播还是对外传播，高校故事的内核不变，都要围绕大学的根本使命开讲。往大了说，要讲高校承担社会责任、促进国家和全世界发展的故事；往细了说，要讲高校人才培养、科学研究、社会服务、文化传承与创新和国际合作与交流的故事。只不过讲故事的角度、平台、内容形式和技巧要因地制宜。高校海外传播，要用海外用户熟悉的语言，通过具象化的文字、有冲击力的图片和快节奏的视频，用事实的力量说服人，形象的表达打动人，情感的共鸣感染人。

※ 受众意识 vs 用户思维

在传播学中，传播者、媒介和受众三者构成一条完整的传播链。“传播学之父”Wilbur Lang Schramm 在他的《传播学概论》中用一个形象的比喻解释传播链上三者之间的关系：受众是自助餐厅的就餐者，媒介是自助餐厅，而传播者是厨师。厨师决定烹饪哪些饭菜，就餐者在已有饭菜中按照自身意愿和喜好进行选择。可见，一定意义上，受众是被动的，模糊的，是一群人的概念。用户，则是营销学概念，指某种产品、技术、服务的使用者，或是被服务的一方，是个体概念，必须精准营销。

社会化媒体时代，重构了传播链。正如网络营销专家刘东明所说，社会化媒体的到来，使得传播由“教堂式”演变为了“集市式”，每个“草根”用户都拥有了自己的“嘴巴”，就好比自助餐厅里人人都可以制作自己的菜肴，信息传播是交互式的。要让用户喜欢到餐厅就餐（获取信息），就需细分用户，了解用户需求，把脉用户喜好，以此为依据制作符合用户口味的菜肴。

只有“关注用户”，媒介才能被“用户关注”。高校开展海外传播，第一步，毋庸置疑就是定位用户群体，然后才能结合传播使命，量身定做用户喜欢的内容。

案例 1：天津大学海外传播受众定位

天津大学自 2018 年起，连续三年在《中国大学海外网络传播力报告》中跻身内地高校海外传播力前十。天津大学在开通各类海外社交媒体平台账号之前，首先明确了其海外宣传目标主要包括以下几类：

- 有意向来中国留学，对京津冀地区高校特别感兴趣的外国人；
- 对天津大学感兴趣或有意向来天津大学或天津留学的外国人；

• 对天津大学的专业特色、校园活动、科研动态感兴趣的外国学生，教师、学者以及科研机构；

• 天津大学的师生及新老校友；

• 天津大学的海外友好合作院校；

• 对天津和中国感兴趣的外国人。

学校针对用户地域分布、信息消费需求，制定传播策略，设置“TJUersTell”等话题吸引粉丝互动。据统计，该校 Facebook 主页 2018 年全年传播效果最好的前 20 个帖子中，11 个帖子都与留学生相关，关注度最高；其次是展示学校综合实力、教学科研水平的高质量视频传播效果较好。再次是把握流行趋势，贴着热点做文章的帖子也有较好的表现。

※ 差异化是品牌的核心优势

好看的皮囊千篇一律，有趣的灵魂万里挑一。高校海外传播的根本目的是树立品牌形象，提高影响力。如何在众多高校中脱颖而出，需要高校深入挖掘自身在学术和文化上的独家优势，增强传播辨识度。

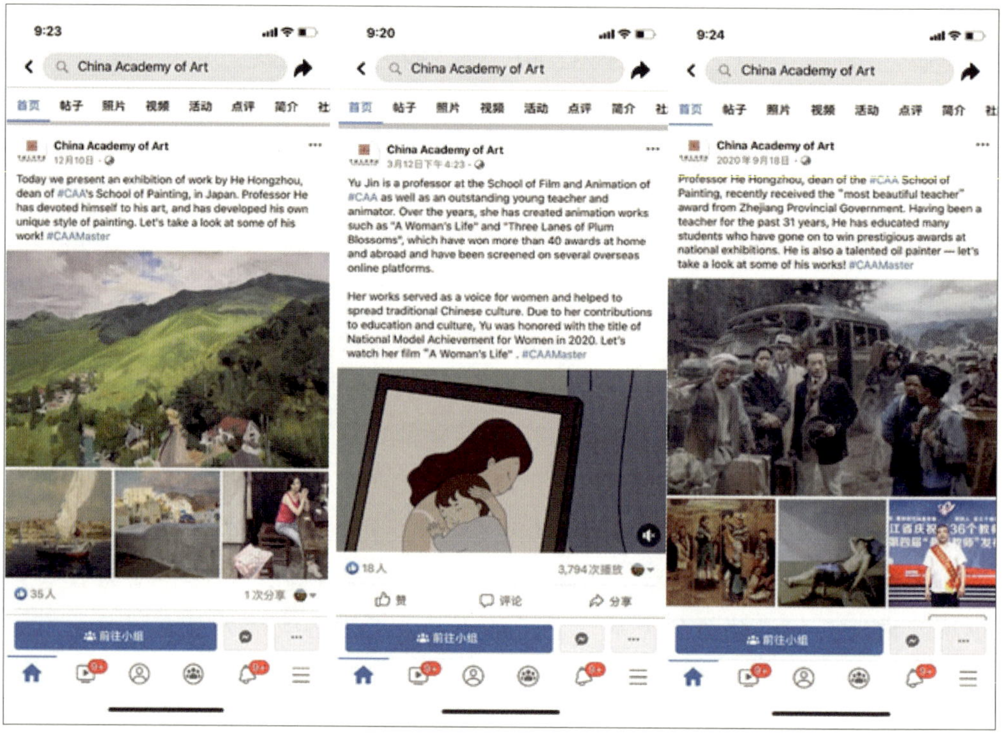

图 14-17　中国美术学院 Facebook 主页发帖截图

案例 2：中国美术学院国际传播能力跻身前十

2019 年，根据北师大研究团队通过数据采集对比，发现在六个海外网络平台上（谷歌、维基百科、YouTube、Twitter、Facebook、Instagram），中国美术学院是唯一在其中四个平台排名均进入前十的高校。而综合排名前三位的清华大学、北京大学以及浙江大学，也仅进入了其中三个平台的前十。

《中国方案 国美模式——中国美术学院一流学科建设高校建设方案》中提出：在世界艺术的大格局中弘扬中国精神的目标，……，建立海外文化传播体系……，为中国艺术教育和“中国文化走出去”搭建平台。

在国际化宣传平台运营中，中国美术学院设置美院艺术、美院名人、美院学生艺术展览等专题议题，充分展示艺术类学生的创造力，扎根中国特色艺术文化，以艺术作品为媒介，突破语言、文化差异的障碍，为海外受众所接受和欣赏。（图 14-17）

※ 关于海外社交媒体传播内容形式不得不说的二三事

大部分海外社交媒体平台都可以发布文字（status）、图片（photos）、视频（video）、链接分享（links）、直播（live-stream）等形式的内容。但是什么形式的内容最受欢迎呢？

Buzz Sumo 是国外一家帮助用户筛选互联网中最流行的话题内容，收集社会化媒体统计的数据的内容营销平台。该平台分析了 2018 年发布在 Facebook 平台上的 7.77 亿个帖子，确定了最佳的发帖长度、发帖类型和发布时间，以及其他有助于提升平台性能的因素（图 14-18、图 14-19）。

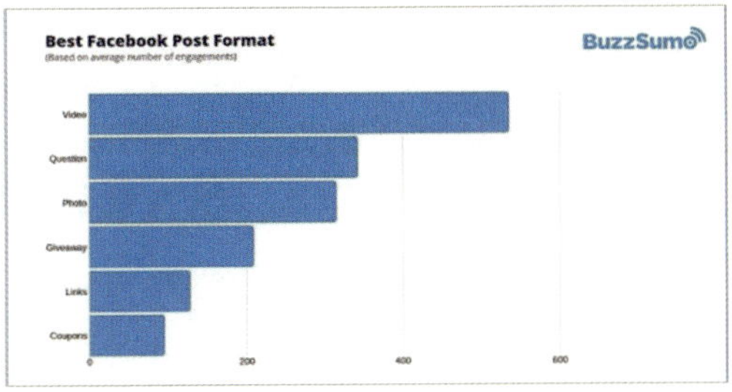

图 14-18
Facebook 不同类型帖子用户互动表现情况
（图片来源于 BuzzSumo）

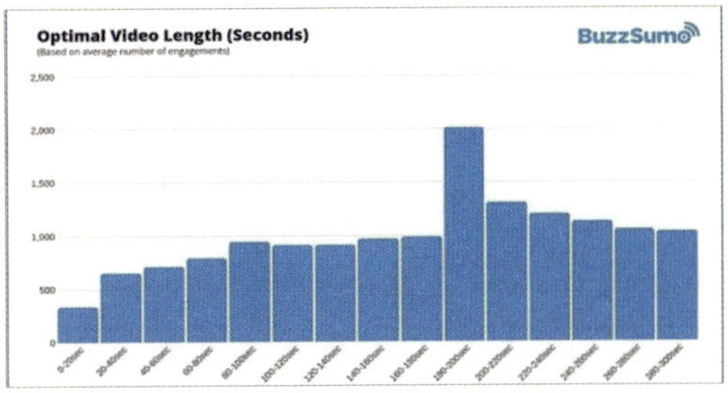

图 14-19
视频长度与用户参与度关系
（图片来源于 BuzzSumo）

1. 视频是表现最好的内容形式，视频长度要适中

Facebook 营销专家 Mari Smith 曾建议，利用 Facebook 平台进行营销，

品牌应该考虑使用70%的视频帖子、20%的图片帖子和10%的链接帖子。BuzzSumo研究发现，与其他发帖类型相比，视频类帖子用户参与度高出59%。发问的贴文和图片类型贴文分列第二、三位，而长度为180秒到200秒的视频最受欢迎。另有一份调查研究显示，国际媒体在Facebook上的“爆款”视频的共性是：时长短，平均时长仅7 7秒，只讲一个故事或一个观点；打动人，前3秒甚至前1秒即抓人眼球，促使用户分享；移动终端友好，制作高辨识度字幕，适合手机等移动终端播放，特别是无声播放。

案例3：新华社英文短视频《暖！骑车男子挡住车流，守护拄拐老人过马路》

2018年9月，新华社播发的英文短视频《暖！骑车男子挡住车流，守护拄拐老人过马路》在Facebook、Twitter、YouTube等平台持续多日刷屏，呈现现象级传播效果，成就海外传播“爆款”视频。截至2019年初，该视频在海外社交媒体浏览量达1.88亿，5000余万人互动，624万人点赞。新华社作为中国主要外宣旗舰媒体，在海外社交媒体上的新闻视频生产主要有以下特点：

第一，选题生动活泼。新闻事件的精彩瞬间，大主题的小切口，黑科技和聪明点子，传递情感、激发共鸣、引发好奇，生活娱乐等选题备受海外受众关注。

第二，文字语言平等。多采取被采访者第一人称自述的形式，或向受众提问问题的形式。遣词造句简单，短句多、长句少，更接近口头语言的表达方式。

第三，画面鲜明直接。新闻的主要人物或事物占据画面中心且景别化满足海外社交媒体视频在手机、平板电脑等小屏播放的需要。同时，将具有冲击力、传递主要信息的画面放在视频最前面，直接传递给受众。

第四，视频长度短、节奏快。无论是画面还是声音的节奏，都比电视新闻和网页视频更快，镜头切换的时间更短，配音语速、音乐节奏更快。

第五，做“标题党”。关系受众利益，或者包含独特、惊人的行为或事物等内容都需要在标题中直接体现，甚至设置热点词汇，易于受众搜索、观看和分享。同时，在标题中设置问题，留下悬念，吸引受众探究，甚至引发一些争议性话题谋求互动。

2. 非工作时间用户更活跃

研究同时发现，从统计学角度看，社交平台最佳发帖时间段是夜晚7点到 11 点，周末发的帖子用户参与度更高。这跟很多其他研究高度重合，大家公认，社交平台在工作时间以外的时间表现最好。当然，国内高校做海外平台运营的时候，要从国外用户的角度出发，来确认发帖互动最佳时间和最佳日期（图 14-20、图 14-21）。

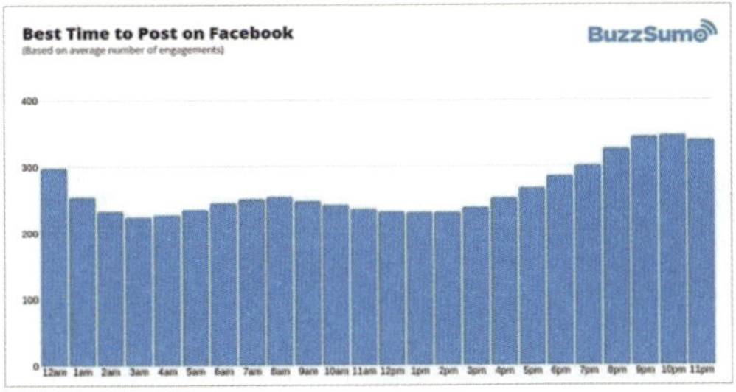

图 14-20
在 Facebook 上发帖的最佳时间
（图片来源于 BuzzSumo）

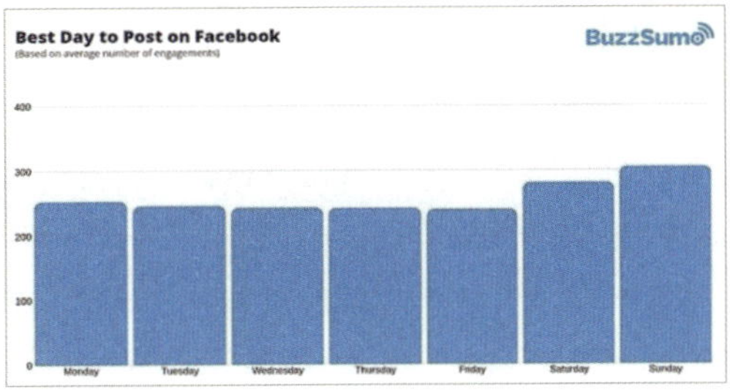

图 14-21
在 Facebook 上发帖的最佳日期
（图片来源于 BuzzSumo）

3. 视频直播强势崛起

自 2016 年 4 月，Facebook 推出手机端视频直播功能以来，视频直播成为引领社交媒体传播的新风潮，广受全球媒体和网络用户的追捧。

案例 4：清华大学发力短视频传播

纵观清华大学 Facebook 主页 2020 年 12 月份发布的 100 多条贴文，视频直播 9 次，平均观看次数 3800 多次，普通视频类贴文 24 条，观看平均次数为 1300 左右。同时，直播类帖子出现较高的用户参与度，无论是点赞数、评论数还是转发数都远远高于同期的其他类型的帖子。（图 14–22）

4. 浓缩的都是精华，学会“秀珠子”

社交新媒体短平快的传播属性，要求 Facebook 推送的内容简练并富有冲击力。美国新闻周刊 Newsweek 曾做过一个调查，在 Facebook 上获得分享次数最多，互动率最高

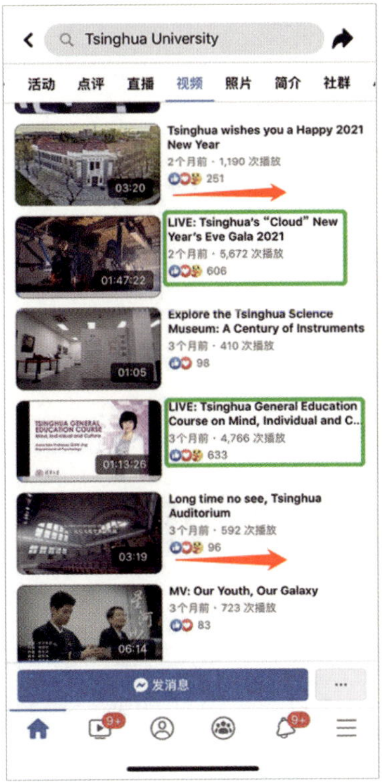

图 14-22　清华大学 Facebook 主页视频贴和直播贴传播示例

的 100 条帖子，平均字数在 11~24 之间，而且帖子字数越少效果越好。Buzz Sumo 的一项调研数据也验证了这一点（图 14-23）。

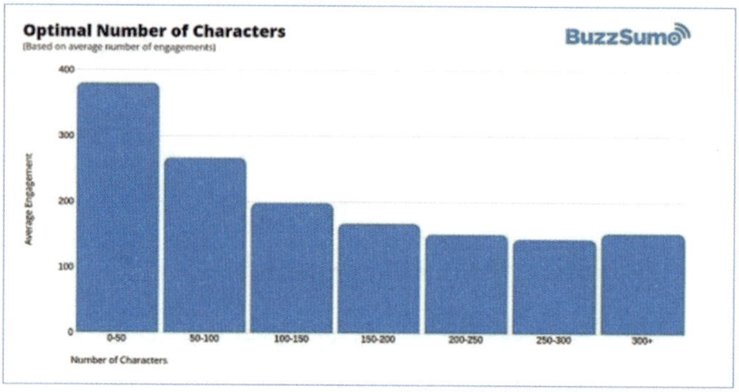

图 14-23
在 Facebook 上发帖的最佳字数
（图片来源于 BuzzSumo

小结与经验

国际传播一定要重视海外社交平台建设，要真正让主力军上主战场，并发挥好舆论导向作用，这就要求我们首先要了解并熟悉包括 Facebook、Instagram、Youtube、Twitter 在内的平台，同时还要理清传播内容，更多的侧重于传统文化、科技成果和校园文艺及体育生活。宣传团队要转变之前的认识，在更多的国际传播维度上开展工作，让国际看到一个真实的有品位的大学。

新媒体
重塑高校
影响力

第十五章
校园融媒体
发展方兴未艾

近年来，人工智能技术和移动互联网技术的迅猛发展，掀起了新一轮的信息革命。传统媒体的生产与传播能力已无法完全适应当前的信息环境需求，媒体深度融合、信息传播智能化已成为必然趋势。借力新型信息传播技术，拥抱媒体融合，搭建校园全媒体传播体系，将为高校的影响力建设和发展提供强大的动力。

1 推动校园媒体融合是数字化时代的必然要求

·媒体融合发展的时代背景
·校园融媒体建设发展情况

信息传播技术（Information Communication Technology）的数字化、网络化、移动化和智能化颠覆了既有的信息生产与传播流程，改变着我国的媒体生态与格局，高校媒体的建设与发展也随之发生改变。这其中，互联网、移动互联网、移动通信技术不仅催生了具有强大传播力和影响力的网络媒体、移动媒体，同时也在加速推动着传统媒体的深刻变革，传统媒体与新兴媒体逐渐由“简单相加”走向“纵深相融”。

融合探索的早期阶段，客观地说，一些主流媒体虽然建设了自己的网站、手机报、网络电视台、客户端等，但还没有形成较为完善的融合思维，未能从互联网生产、传播与运营的角度开展信息传播实践，传统媒体的运营理念依然牢固，媒体融合观念较为淡薄，融媒体概念还没能普遍建立起来，融合行动推进较为缓慢。

2014 年 8 月 18 日，习近平总书记主持召开中央全面深化改革领导小组第四次会议，审议通过了《关于推动传统媒体和新兴媒体融合发展的指导意见》，这标志着媒体融合发展正式上升为国家战略，融媒体建设开始驶入快车道，有学者认为 2014 年是我国推动媒体融合发展的“元年”。

融合是大势所趋，在党和国家的决策部署下，中央和省市级媒体率先掀起了融合大潮。人民日报、新华社、光明日报、经济日报、中国日报、中央人民广播电台、中央电视台、中国国际广播电台等中央主要媒体以重点项目为抓手，坚持传统媒体与新兴媒体优势互补、一体发展，主动占领网上主流思想舆论高地，努力提升媒体传播力、引导力、影响力和公信力，传统媒体和新兴媒体呈现出加速融合发展的新局面。

2018 年 11 月 14 日，习近平总书记主持召开中央全面深化改革领导小组第五次会议，审议通过了《关于加强县级融媒体中心建设的意见》，明确提出要组建县级融媒体中心。2019 年 1 月 25 日，习近平总书记主持中央政治局第十二次集体学习，主题就是全媒体时代和媒体融合发展。2020 年 9 月，

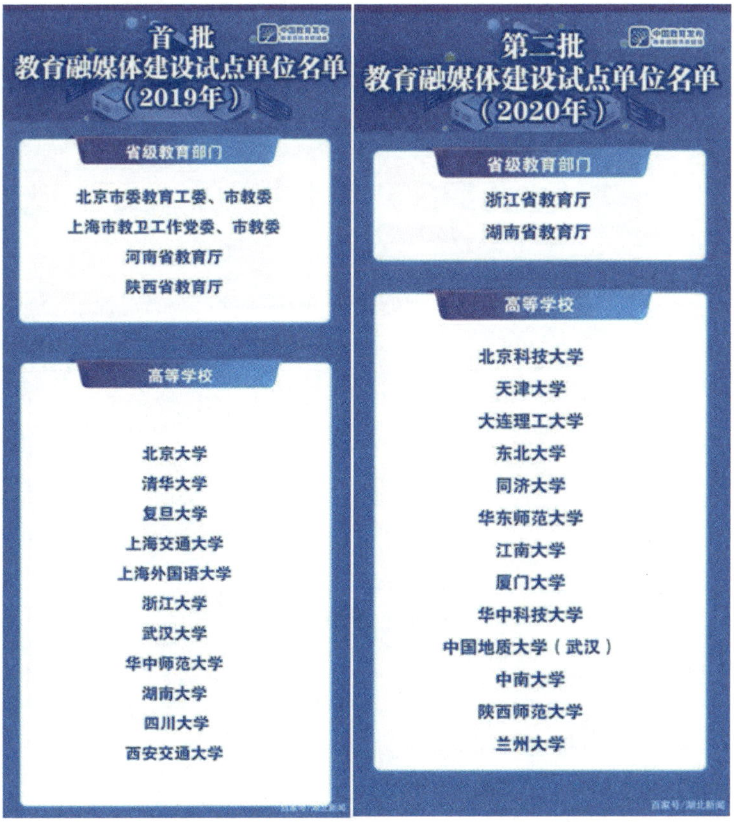

图 15-1
教育融媒体建设试点单位

中办、国办印发了《关于加快推进媒体深度融合发展的意见》重要文件，从重要意义、目标任务、工作原则三个方面明确了媒体深度融合发展的总体要求，成为指导融媒体建设的重要政策依据。

2019 年 5 月，教育部启动开展教育系统融媒体建设试点工作，首批确定 15 家试点建设单位，2020 年又发布第二批 15 家试点建设单位（图 15-1）。30 家试点建设单位中高校为 24 家，集中在“双一流”建设高校。总体来看，试点高校抓住融媒体建设机遇，在积极推进高校媒体体制机制创新、组织机构融合、平台资源整合、生产传播流程重构，探索高校媒体融合发展新路，充分发挥校园融媒体宣传教育合力等方面取得了显著成效。

2 校园融媒体“融”什么

·用互联网思维做好媒体融合
·校园融媒体关键点

※ 推进校园融媒体建设，要强化互联网思维

基于互联网的开放性、联通性和交互性的特征，互联网思维应该是一种开放式、复合型思维。说到底，互联网思维就是立足于互联网本身的特性去思考和解决现实问题的思维方式。

强化互联网思维，建设校园融媒体，首先就要转变观念打造校园媒体，打破传统媒体理念和思维方式，不敝帚自珍、不抱残守缺、不固步自封。传统的报刊、杂志、广播、电视是那个时代最为重要的媒体，但是在互联网时代，基于人们阅读方式的改变、接收信息平台的转移，原来主导信息的传统媒体正在不可避免地流失受众。习近平总书记曾经深刻指出：“很多人特别是年轻人基本不看主流媒体，大部分信息都从网上获取，必须正视这个事实。”特别要重视网络新媒体的建设管理，说的就是这个道理。打破传统媒体思维方式，强化互联网思维，是建设校园融媒体的必然要求。

那么打造校园融媒体到底需要引入哪些互联网

思维？从对比的视角看，传统媒体的信息传播思维是单向式、线性的，其基本特征是我写你看、我播你听（看），受众不易参与，很少有互动，也难以考察实际传播效果。强化互联网思维，就要牢固树立新的传播观念，把互联网作为开展宣传思想工作的主阵地、主平台和主手段，以新的宣传观念指导、推动校园融媒体建设。与传统媒体理念相比，校园融媒体引入互联网思维涵盖以下几个维度。

首先，互联网思维应是重视使用互联网的思维。尤其是移动互联网，坚持信息传播理念中的“移动优先”原则，利用校园中的移动媒体，第一时间通过移动平台将信息和融合内容优先刊发。

其次，互联网思维应是一种数据思维。当前的融合化生产，数据已经成为关键的生产要素，新型 ICT 技术具备了广泛采集、存储和处理大量数据的条件，无论是内容策划、内容生产，还是内容传播都应基于数据展开，比如校园融媒体应大力开发数据新闻这种新样态。

再次，互联网思维应是用户思维。传统宣传观念是传播主体思维，即传播的控制者想表达或需要受众了解什么信息，而互联网时代需要通过数据、调研等各种方式，清晰描绘用户画像和需求兴趣图谱，以此进行内容产品的策划与研发以及精准传播。

最后，互联网思维应是平等、开放、互动、协作和共享的。智能化技术和互联网的融合，强化了信息后台的开放性和共享性，用户可以作为生产者将信息进行再加工和再传播，每一轮的传播不再是机械转发，而是极具创意性的再生产。

同时，互联网思维还要求作为内容、平台、服务的产品具备“简单、极致、口碑、快”的特性，产品的设计、使用以及阅读要简单易用，但不代表功能缺失，而是呈现界面要更加人性化，以方便使用和传播；功能上要按照需求的优先度，优先开发强需求，并将这种内容或服务需求做到极致，使用户获得良好的体验；有了好的体验，自然在社交媒体和用户的人际交流中具有较好的口碑，从而获得社交化传播，进入不同的圈层；“快”是指模块开发快、功能修复快、产品迭代快、内容生产快、关系传播快，这样产品才能快速抢占传播市场和用户，从而把握优质流量资源，抢占校园融媒体宣传制高点。

需要强调的是，要辩证看待传统媒体和新兴媒体之间的关系。互联网思维是开放式、包容性思维，不是排他性思维。因此，推进校园融媒体建设，不是不要传统媒体，抛弃传统媒体，而是要实现传统媒体和新兴媒体的优势互补，形成传播合力。以上是互联网思维的要义所在，也是高校推进融媒体建设的着眼点所在。

※ 校园融媒体“融”什么、如何“融”

校园媒体融合不是传统媒体与新兴媒体的简单相加，也不是人员、机构、职能、流程的简单整合与再造。习近平总书记多次指出，要推动传统媒体和新兴媒体在内容、渠道、平台、经营、管理等方面的深度融合。

要构建传播闭环。单一平台集成，融媒体平台将打通现有高校的站群信息，集成多个新闻宣传平台与系统，实现内部系统信息融通。整合后各个系统相互关联，但又互相独立，将各自的效用发挥最大。多平台分发，内容经过二次加工后形成网络产品，进行多渠道分发，建立集策划选题、过程管理、稿件审核、稿件素材和分发管理、传播评价为一体的传播闭环。

要整合传播要素。把原来分散在不同媒体的空间资源、人力资源、设备资源、平台资源、生产资源、终端资源等要素进行有机整合，形成具有集成、集约、集群优势的资源，通过各类资源的合力作用，增强融媒体的产出力、传播力和影响力。

要内容共建共享。融媒体为不同媒体，特别是传统媒体的优质内容提供了更多传播平台，真正实现了一稿多用，多终端、多形式发布，能够有效扩大和提高信息内容的覆盖面和到达率，进而扩大信息内容的传播力、影响力。

要优化工作职能。传统媒体各自独立，自成一体，一个媒体就像一只麻雀，五脏俱全，不同媒体若是简单相加，必然存在机构重叠、人员重叠和职能重叠现象。成立校园融媒体，实现组织结构的重构以及职能优化，这个问题就可以迎刃而解，更好地激发人员的积极性、主动性和创造性。

要打造校园融媒体的新型 ICT 创新平台，实现对新型数字内容、人工智能技术等智能模块的快速接入，辅助产品制作、传播分发等环节，实现新闻传播的个性化互动和场景的个性化定制，增强传播效果。同时在平台上形成数据资源汇集，建立数据可视化平台，实现分类型、分层次的数据分析，推动建立校园“云”脑，实现智能推荐、智能分发和智能应用。

基于此，还应增强校园融媒体支撑学校决策、宣传、服务师生的能力。所以，要成立校园融媒体行政服务中心，定期向学校提供行政运行数据报告、校园舆情引导与思政教育报告、校园师生生活与服务报告等大数据报告，同时提供行政、后勤等多元化技术接口以及信息发布平台，优化使用体验与数字内容的可读性与可传播性，还要增强校园融媒体的数据研究能力、融媒体生产能力，从而为学校决策、宣传、服务能力的提升提供强大的技术与媒体支持。

案例 1：西安交通大学做强“弘扬西迁精神”融媒体主题宣传

2020 年 4 月 22 日，习近平总书记考察西安交通大学，调研西迁博物馆，亲切会见西迁老教授，并两次发表重要讲话，勉励广大师生大力弘扬西迁精神，抓住新时代新机遇，到祖国最需要的地方建功立业。

西安交通大学融媒体中心第一时间成立融媒体宣传专班，打通采编人员、内容制作、编发运营全流程，实现“多渠道采集信息、联动式资源整合、一键式分发平台”的融媒体报道体系，形成全景式、系列化、联动性的宣传态势。

一是全景融媒，构建多层次宣传格局。构建“校内专题网站、新媒体短视频、新闻网专栏、校报专刊、电视台专题片、广播台系列剧等”+“校外主流媒体原创、多平台集中关注”的宣传格局。校内各平台推出专栏 20 余个、音视频作品 30 余件，专题网刊发报道 500 余篇、新闻报道 1500 余篇等，凝聚起学习习近平总书记莅校重要指示精神的学习氛围。

二是创新创意，打造系列品牌融媒产品。推出融媒体产品 1500 余篇（件），重点打造以短视频、视觉海报为主体的“生动性、轻量化、易传播”的融媒体产品。策划推出“大力弘扬西迁精神”主题短视频海报，第一时间邀请被习近平总书记亲切会见的西迁老同志以第一视角“谈学习、讲感悟”；推出“牢记总书记嘱托”系列主题学习视觉海报 226 个，学校中青年学者结合个人工作，谈新时代建功立业“学习感悟”。

三是聚合联动，营造社会学习宣传热潮。西安交通大学融媒体中心精心布局，提前谋划建设了“西迁精神媒体资源库”“融媒体记者资源池”“主题宣传联动反馈”等机制，联动中央主要媒体和陕西社会主流媒体力量，集聚掀起学习宣传热潮。据不完全统计，新华社、中央广播电视总台、《人民日报》和《光明日报》等各类媒体刊发报道 740 余条。《光明日报》头版刊发《西迁精神唱响新征程》，央视新闻联播报道西迁老教授讲述“西迁往事”、西迁精神新传人挂职博士团扎根西部助力脱贫攻坚事迹等。

西安交通大学融媒体中心聚焦习近平总书记莅校重要讲话精神，开展多形式、多角度、全覆盖的融媒体宣传，总阅读量超过 2.12 亿人次，相关新闻话题登上全网热搜，向全社会弘扬西迁精神的核心和精髓，引发了强烈的社会反响和普遍好评。（相关数据截止到 2020 年 11 月 15 日）

3 校园融媒体的实践探索与未来发展

·校园媒体融合实践探索
·校园融媒体的未来理念

自2014年推动媒体融合发展以来，中央级媒体、省市级媒体融合发展取得的成绩有目共睹，县级融媒体中心建设也出现了若干“样本”，如北京市海淀区样本、浙江省长兴县样本、江西省分宜样本、甘肃省玉门市样本、山东省章丘市样本、河南省项城市样本、湖南省浏阳市样本等等（图15-2）。相对来说，高校融媒体建设由于整体起步较晚，没有形成规模效应，融媒体建设总体上处于探索与尝试阶段。

2019年起，教育部开始推动高校融媒体建设试点，24家被确立为试点单位的高校，紧锣密鼓地开始启动融媒体建设工作。作为融媒体建设实践探索先行者，这些高校的建设方案、路径、经验及建设成效备受关注，各高校热切期望从中吸取经验、寻求借鉴。

总体来看，由于建设时间短，24家试点高校融媒体建设进展不一，绝大多数高校仍处于调研及方案设计阶段。在试点高校中，北京大学、清华大学、天津大学、复旦大学、上海交通大学、武汉大学、

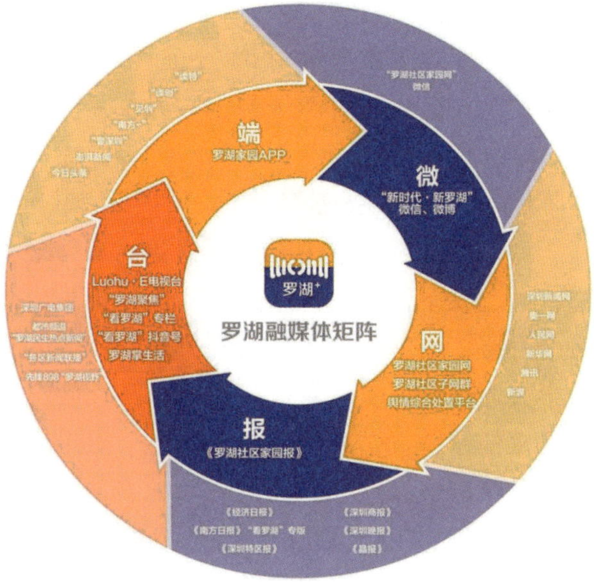

图 15-2
深圳罗湖区融媒体中心矩阵设计

华中师范大学、西安交通大学、上海外国语大学等高校依托相关学科专业优势，整合校园媒体资源，进行体制机制创新，推出内容丰富、形式多样、传播力强的融媒体产品，在融媒体建设探索方面先行先试，取得了良好成效，积累了一定的经验。通过观察与分析案例发现，试点高校融媒体建设具有诸多共性，主要体现在以下几个方面。

第一，重视阵地作用，把高校融媒体建设同思政工作、文化育人紧密结合，充分发挥融媒体的化人育人功能。

第二，搭建聚合平台，形成高校融媒体“新闻＋思政＋政务＋文化＋服务”格局，同时在信息生产领域进行供给侧结构性改革，通过理念、内容、形式、方法和手段创新，增强融媒体平台的用户黏性、辐射力和影响力。

第三，开辟新路径，各高校结合自身实际，探索融媒体建设新模式，通过模式创新展现优势，体现亮点，突出特色。

第四，融汇多样资源，主动与教育部门、政府、媒体及高校开展合作共建，拓宽融媒体资源渠道，扩大覆盖面和影响力。

第五，重视技术赋能，充分利用 5G、AI、AR、大数据、云计算、区块链等前沿先进技术及最新研究成果赋能融媒体，提升融媒体的传播力、引导力、影响力和公信力。

当然，高校推动媒体融合，最引人注目的还是差异化建设，即突出个性，体现特色。

上海交通大学通过树立“一面旗帜”，落实价值引领功能定位，实施“双轮驱动”，激发校院两级制度活力，并推动学科交叉融合、校内与校外传媒力量融合，发挥综合性大学创新优势，在实践中打造了主题宣传活动、新媒体阵地、网络育人、决策咨询“四个品牌”，着力提升融媒体平台育人实效。

武汉大学融媒体中心围绕立德树人的根本任务，以平台再造拓展传播渠道，通过新平台建设打造融媒体传播矩阵，拓宽传播渠道。以技术创新推进融合发展，借助新技术应用推进媒介资源的有效整合，提升传播质量。武汉大学大力推进设施、系统、机制、队伍融合建设，完善一个融媒体中心、一套融媒体系统、一种融媒体机制、一支融媒体队伍，着力构建“共同策划、核心采集、资源共享、分类编辑、多种生成、多渠道推送、互动传播、舆情反馈”的信息生产传播全链条运行机制，打造融媒体矩阵，努力实现“流程优化、平台再造、资源整合、内容互通、平台共融”的目标。

华中师范大学通过融媒体新闻生产系统建设，构建 7 大业务模块，涵盖融媒体生产“策、采、编、发、评”全流程，实现采编融合化、生产一体化、一站式资源管理、一键式平台发布，强化大数据监测及传播效果评估，优化新闻生产流程，提升生产效率，并按照“移动优先”建设思路，重点构建“一核多层”融媒体平台矩阵，实现团队、选题、内容、资源的深度融合，促进学校各媒体平台实现资源共建、数据共享和选题共用。

案例 2：上海外国语大学打造高校融媒体建设的“上外样本”

作为全国首批教育融媒体建设试点单位，上海外国语大学融媒体中心于 2019 年 11 月 20 日在松江校区正式揭牌。

上海外国语大学用“Media+”（媒体 +）来命名学校融媒体中心，意在通过中心建设，不仅融合各种媒体形态，更重要的是把“教育”融到媒体中，将校园融媒体作为学校立德树人的一个重要手段和载体。逐步建立“中央厨房”式的内容生产机制，积极构建“大宣传”格局。立足多语种特色，积极打造多语种网站等特色鲜明的融媒体平台，坚持校内外媒体联动共建，打造多维度的校内外媒体矩阵；同时与社区紧密互动，与松江区融媒体中心互设工作站；此外，上外还将融媒体建设与专业教学和人才培养有机结合，由党委宣传部与新闻传播学院共建融媒体中心。

当前高校融媒体建设尚处于探索阶段，还没有形成成熟的模式，未来高校融媒体该如何建，校园媒体融合之路该怎么走，如何更好地落实中办、国办印发的《关于加快推进媒体深度融合发展的意见》文件要求，这是所有高校媒体及其主管部门都在深入思考、不断探索的时代课题。

习近平总书记指出，推动媒体融合发展，要坚持正能量是总要求、管得住是硬道理、用得好是真本事，坚持正确方向，坚持一体发展，坚持移动优先，坚持科学布局，坚持改革创新，推动传统媒体和新兴媒体在体制机制、政策措施、流程管理、人才技术等方面加快融合步伐，尽快建成一批具有强大影响力和竞争力的新型主流媒体，逐步构建网上网下一体、内宣外宣联动的主流舆论格局，建立以内容建设为根本、先进技术为支撑、创新管理为保障的全媒体传播体系。可以说，建设校园融媒体，不是简单的机构整合、平台聚合和资源融合，而是一场深刻的信息供给、传播与运用革命，是宣传思想工作领域的一场持久深刻的变革。

在这方面，拥有得天独厚学科优势、媒体优势、人才优势、设备优势以及经验优势的中国传媒大学，也同样进行了卓有成效的创新探索。从建设全媒体运行中心到成立融媒体中心，从推进校园媒体融合到推动学校新闻宣传体系、实践教学体系改革，中国传媒大学始终着眼于未来高校融媒体建设趋势，着眼于未来传媒人才建设需求，与时俱进推进校园融媒体建设，力争为我国高校融媒体建设打造一个有借鉴意义的样本。

案例 3：中国传媒大学与时俱进推进校园融媒体建设

2017 年 8 月，中国传媒大学依托当时的电视台和实验教学中心，启动建设面积达 800 余平方米的全媒体运行中心，次年元月正式投入启用。

全媒体运行中心由融合媒体指挥中心及多平台发布系统、全媒体交互式新闻演播室系统、融合媒体虚拟化生产平台三大部分组成。包含了融媒体新闻采编制作、数据可视化和虚拟图文包装制播、多屏矩阵展示、云桌面资源管理、手机采访制作等 16 个子系统。通过指挥中心能够管理媒体融合云平台所承载的所有业务系统，实现对融合新闻、融合内容生产、互动运营发布等多种业务、多种场景实践和教学活动的全流程生产、演示和监控，并对发布运营效果进行实时响应和反馈。

除了全媒体运行中心外，学校还建有 1400 平方米 4K 演播馆，拥有一辆 4K 超高清转播车，以及数量众多的平面媒体、广播媒体、电视媒体和新媒体，形成了一个形态多样、阵容庞大、产品丰富的校园融媒体矩阵。

图 15-3　中国传媒大学融媒体中心

2020 年 5 月，中国传媒大学制定出台了《深化新闻宣传体系、实践教学体系改革方案》，将融媒体建设置于学校新闻宣传体系、实践教学体系改革的整体框架之中，更好地发挥校园融媒体在新闻宣传、思想教育、实践教学、文化育人、服务提供、形象展示、提高国际传播能力等方面的作用，并成立了实体机构——中国传媒大学融媒体中心（图 15-3）。

小结与经验

校园融媒体的建设是一项尚在探索中的工作，但是区别于社会媒体，高校媒体有自身的特色和传播路径。无论怎样的建设模式，我们都要树立新型信息科技赋能传播的理念，在智能化信息时代思考数据作为核心要素在整个传播闭环中的作用，以互联网思维再造传播流程，让主流价值观的传播能够直抵人心，才是我们融媒体建设的意义所在。

后记
POSTSCRIPT

当您读到这里的时候，本书已经接近尾声。这本书虽然是从高校的视角出发详述如何运用新媒体塑造影响力，但是传播之中的“道”与“术”其实在很多时候是相通的，相信也会为其他领域的读者带来一些启示。

完成这本书的时候又是一个冬日。从策划选题、分章撰写、形成初稿，后又历经几轮修改到定稿，整整一年的时间。几位作者来自四所不同的高校，因共同从事网络工作而结缘，虽然在一起工作的时光已有十余年，亲如兄妹，但却是第一次一起完成一本书的写作。我们也会记住这一年一起写书的时光。

本书的诞生还要感谢奋战在新媒体战线的各个兄弟高校的同人对我们的支持。记得在对高校新媒体影响力状态进行调研的时候，两天时间就有 40 余所高校协助我们完成了调研，并在后来的案例撰写中为我们提供了大量基础素材。同时也感谢新浪微博为我们专门提供了相关案例和公开数据。感谢本书的责任编辑郭颖老师，是她细致入微的审校，保证了本书的严谨性，也让我们在每一轮的修改中收获良多。

很多读者可能会问为什么要在书名中使用“重塑”一词，这也是当初撰写此书的初衷。在长期的工作中，我们观察发现，高校新媒体已经从内容运营慢慢转变为性格塑造。高校会因为拥有鲜明个性的新媒体而在网上有辨识度，进而被大家记住，这本身就是一种传播，也让高校有机会塑造一个全新的形象，打破原有的刻板印象。这种非对称的影响力随着新媒体的不断迭代更新，会更为凸显。在新媒体时代，每一个普通的个体都能够被关注到，一个个普通人共同构筑了这个时代的媒体记忆，记录下这个时代最鲜活感人的故事。

当我们关注影响力的时候，也应该看到智能传播尤其是以推荐算法为代表的智能科技让信息的到达更为精准，极大地提升了传播效果。与此同时，社会公众逐步让渡了个人的信息选择权以及隐私信息，选择由算法依据个人偏好来推荐信息，随之也催生了“信息茧房”问题。在推荐算法之下部分人群的社会认知逐步窄化，更容易形成群体极化现象，因此人们不能被动地接受算法的安排，而是要让算法激发人的主动性和创造性，让更多的人有幸福感和获得感，让尚处阴霾之中的人看到阳光，让在单色中行进的人见到一个多姿多彩的世界。弥合认知的鸿沟，增进社会公众的福祉才是传播的价值所在，我们的影响力塑造才有意义。

传播需要乘势和造势，讲好内容和故事，这也是本书的核心所在，即传播之“道”。今天中国正在以昂扬的姿态走向世界舞台的中央，“00后”被称为可以平视世界的一代，我们变得更加自信，这就是时代之变，也是传播之势。当我们完成这本书的时候，高校的融媒体建设和海外传播力建设已经成为新的方向，高校也已经在这方面开展了诸多工作，期待着后续我们会有新的作品。

回望前路，有太多的事可追忆，有太多人一路相助，仅以此书致敬我们共同走过的岁月和一群可爱的人，未来可期！

2021 年冬